BAŠIĆ • EIN WERBESPOT FÜR MEINE HEIMAT

BANK AUSTRIA LITERARIS
GROSSER PREIS FÜR LITERATUR
AUS DEM
OSTEN UND SÜDOSTEN EUROPAS

EDITION*ZWEI*
IST EINE GEMEINSAME LITERARISCHE INITIATIVE
VON BANK AUSTRIA
UND
KULTURKONTAKT AUSTRIA
IM
WIESER VERLAG
2012

Adisa Bašić

Ein Werbespot für meine Heimat

(Skizzen)

Aus dem Bosnischen
von
Cornelia Marks

EditionZwei

Wieser Verlag

Wieser Verlag GmbH

A-9020 Klagenfurt/Celovec, Ebentaler Straße 34b
Tel. +43(0)463 37036, Fax +43(0)463 37635
office@wieser-verlag.com
www.wieser-verlag.com

Korrektorat: Josef G. Pichler
ISBN 978-3-99029-031-6

Inhalt

SKICE ZA PROMOTIVNI SPOT MOJE DOMOVINE

SKIZZEN FÜR EINEN WERBESPOT MEINER HEIMAT

Evropski Jeruzalem

Obrisala je prašinu
sa aron kodeša i menore,
zaključala dvaput vrata.

Razbio je led na ulazu,
za slučaj da neko od staraca
ipak dohramlje slaviti sveca.

I zvonar preko puta je
zajašio konopac,
objavio pauzu za ručak.

Umjesto spiralnog uspona
na minaret, u podnožju je neko
pritisnuo tipku *play*.

Prazne zgrade i prazni zvuci
započeli su igrokaz:
turistima na radost.

Europäisches Jerusalem

Eine Frau wischt Staub
auf dem Aron Kodesch und der Menora,
schließt hinter sich die Tür zwei Mal ab.

Ein Mann schabt Eis vom Eingang fort,
für den Fall, einer der Alten käme doch
schleppenden Schrittes zur Heiligenfeier.

Und der Glöckner gegenüber
schwingt sich rittlings aufs Seil,
um vom Mittag zu künden.

Anstatt die Wendeltreppe emporzusteigen,
drückt jemand am Fuße des Minaretts
die Taste *Play*.

Leere Bauwerke und leere Laute
inszenieren ein Spektakel:
den Touristen zum Pläsier.

Heroina

Nema ga i nema i nema.
Stvari u ormaru izgubile su njegov miris.
Djeca samo misle da ga pamte.

Davno je legao
i *dugo ti mu je ležati* …

Pod nekom travom nenačetom.
Pod nekim lišćem taloženim.

Nema ga i nema i nema.
A ti bdiješ nad suhom uspomenom.
Njegov lik: presovan cvijet.

Silno hvalimo tvoje dostojanstvo.
    Ti si ljubav kakvu sanjamo.
    Ti si odanost kakvoj se nadamo.
    Ti si slika koja tako dobro ide u naš ram.

A njega nema.
I nema.
I nema.

Niko ne čuje noć.
Do krvi grizeš šake.
U se stavljaš prste.
Glavom o uzglavlje tučeš.

U samotnoj postelji znaš:
ti ga se ne sjećaš.

Die Heldin

Er ist nicht da und nicht da und nicht da.
Sein Duft ging der Kleidung im Schrank verloren.
Die Kinder meinen nur, dass sie sich an ihn erinnern.

Vor langer Zeit legte er sich zur Ruh
und *noch lange hat er zu liegen …*

Unter nicht ausgehobenem Rasen.
Unter Blätterschichten vieler Jahre.

Er ist nicht da und nicht da und nicht da.
Und du wachst über verdorrten Erinnerungen.
Sein Antlitz: eine gepresste Blume.

Maßlos loben wir deine Würde.
  Du bist die Liebe, wie wir sie erträumen.
  Du bist die Treue, wie wir sie erhoffen.
  Du bist das Bild, das so gut in unseren Rahmen passt.

Aber er ist nicht da.
Und nicht da.
Und nicht da.

Niemand hört die Nacht.
Du beißt in deine Faust, bis sie blutet.
Führst deine Finger in dich ein.
Schlägst dein Haupt ans harte Kopfende.

Im einsamen Ehebett weißt du:
Du erinnerst dich nicht an ihn.

Starci

Vijeće staraca:
važno vrte tespihe
i glave s kojih je vjetar historije
prije koji tren
otpuhnuo turbane
a sve drugo je isto
barem četiristo …
barem četiri hiljade godina …

Odmjeravaju pedljom
dužinu moje suknje.
Negoduju.
Malo bi da me poprave, prekroje.
Pokriju. Uljude.
Malo bi stenjali
nada mnom znojni
čim se dobro smrači.
Tamo nekad iza jacije.

Estagfirullah …

Die Alten

Der Ältestenrat:
Wichtig drehen sie die Tespih
und ihre Köpfe, von denen der Wind der Geschichte
ein paar Augenblicke zuvor
die Turbane fortgeweht hat,
aber alles andere ist das Gleiche,
mindestens vierhundert …,
mindestens viertausend Jahre …

Sie prüfen mit der Spanne
die Länge meines Rockes.
Sie tadeln.
Sie würden mich gern verbessern, neu zuschneiden.
Mich verhüllen. Mich kleiden, wie es sich schickt.
Sie würden gern stöhnen
über mir und ins Schwitzen geraten,
sobald es richtig dunkel wird.
Irgendwann nach dem Abendgebet.

Allah, verzeih …

Domovina

Priroda, uspomene, ljudi. Sve što imam i što volim, sve je tu.

Ovdje se govori jezik
na kojem sanjam
    ljubim
    i smišljam
    kalambure.
    Jezik
    koji ima ime
    za svaki
    moj
    strah.

Ovdje su majka
    i nana
    i njena majka
    i stara ja
    do u ko zna koje koljeno.

Ovdje … U ovom lijevku.
    Treba se samo čvrsto držati za rub.
    Samo se danonoćno treba.
    Čvrsto držati.
    Za rub.

Heimat

Natur, Erinnerungen, Menschen. Alles, was ich habe
und was ich liebe, alles ist da.

Hier spricht man die Sprache,
in der ich träume,
küsse
und verrückte
Wortspiele erfinde.
Die Sprache,
die einen Namen hat
für jede
meiner
Ängste.

Hier sind Mutter
und Großmutter
und deren Mutter
und ich,
bis hin zu wer weiß welchem Familienzweig.

Hier … in diesem Trichter.
Muss man sich nur stark am Rand festhalten.
Tag und Nacht muss man das.
Sich ganz stark festhalten.
Am Rand.

Čudesni krajolik

Nogu nipošto ne smičem s asfalta.

Naša mirisna ljekovita trava za mehleme
niče iz žica za ruke, iz poveza za oči.

Wundersame Landschaft

Keineswegs rühre ich meinen Fuß vom Asphalt.

Unser duftendes Kraut für die Heilsalben
entsprießt dem Draht um die Hände,
dem Verband um die Augen.

N. N., u hladu bosanske zemlje

Historija zaokružuje skelete do nule,
hiljadu i jedan – to je još uvijek hiljada.

A znaš li koliko smo ga željeli?
Cijela kuća?
Cijelo selo?

Na vijest o njegovom rođenju
nekada davno smo
sa pripremljenim janjcima
i napunjenim pištoljima

čekali.

N. N., in der Kühle der bosnischen Erde

Die Geschichte rundet die Skelette zur Null.
Tausend und einer sind immer noch tausend.

Und weißt du, wie sehr wir ihn herbeigesehnt haben?
Das ganze Haus?
Das ganze Dorf?

Auf die Kunde von seiner Geburt
haben wir einst – es ist schon lange her,
mit gebratenen Lämmern
und geladenen Pistolen

gewartet.

Erni

Sunčanje

Naši kostimi tog ljeta
možda nisu bili *in*
ali mi to nismo mogle znati.

Sunce je peklo
i posljednje kapi kreme
za sunčanje
cijedile smo na svoja
bijela lica.
Na svoje omršavjele
mliječne noge.

Peklo je; i kad pažljivo slušaš
skoro se moglo čuti
praćakanje djece
u plićaku.

Samo nismo smjele
naglo ustati.
Uspraviti se.
Pomoliti glavu.

Naša tajna plaža
na vrhu nebodera
ubola bi u oko
snajperistu.

In dieser Stadt, in dieser Finsternis …

Für Erna

Sonnenbad

Unsere Kostüme dieses Sommers
waren vielleicht nicht *in*,
aber das konnten wir nicht wissen.

Die Sonne brannte,
und die letzten Tropfen
Sonnencreme
pressten wir aus auf unsere
blassen Gesichter.
Auf unseren mageren,
milchigen Beine.

Es brannte; und beim aufmerksamen Lauschen
wurde hörbar fast
das Planschen der Kinder
im seichten Wasser.

Nur durften wir nicht
hastig aufstehen.
Uns aufrichten.
Das Haupt erheben.

Unser geheimer Sandstrand
auf dem Dach des Hochhauses
würde dem Heckenschützen
ins Auge stechen.

Životu i suncu smo se
radovale mirne. Oprezne.
Mazne. I vodoravne.

Sankanje

Po vodu je lijepo ići
mliječnim, tek malo
utabanim snijegom.

Natovarene sanke
glatko klize.
Kanap gotovo
i ne reže prste.

A u polasku …
U polasku se prazne
spuštamo nizbrdo,
ti upravljaš
ja krijem lice u tvoja leđa …
Nogama lijeeevo … deeesno …
(o, hoooj … hoooj …
čuvaaaj!!!)

Spuštamo se
uz ciku zvonku
drsku
neustrašivu.

Skoro pa
mirnodopsku.

Des Lebens und der Sonne
freuten wir uns still. Vorsichtig.
Sinnlich. Und in der Horizontalen.

Schlittenfahrt

Zum Wasserholen ist's schön zu laufen
durch milchigen, noch kaum
zerstampften Schnee.

Beladene Schlitten
gleiten mühelos dahin.
Der Bindfaden schneidet
fast gar nicht in die Finger.

Und bei der Hinfahrt …
Bei der Hinfahrt fliegen wir
unbeladen talwärts,
du lenkst,
ich verberge mein Gesicht an deinem Rücken …
Mit den Beinen liiinks … reeechts …
(oh, hoooj … hoooj …
pass aaauf!!!)

Wir rasen hinunter
mit tönendem Quieken,
frechem,
furchtlosem.

Und beinahe
friedenszeitlichem.

Zvijezda padalica

Bilo je to u gustom mraku.
U gradu.
Tako mračnom
da smo za večernji izlazak
išle da gledamo struju.
(kao priviđenje
jedna jedina
zgrada je sijala)

A mi bismo se počešljale
obukle
i iz crnog
školskog dvorišta
u nju gledale.

E, u tom gradu …
U tom mraku …
Jedne noći …

Zvijezda padalica
krenula je vodoravno
zamišljenim bedrom brda.
Zvijezda padalica je stala.
Nije nam se ispunila želja.

Baš tada. Baš iz mraka. Iz smjera
zvijezde padalice.
Zapucali su
na nas.

Sternschnuppe

Dies geschah in undurchdringlicher Finsternis.
In der Stadt.
Die so dunkel war,
dass wir als Abendspaziergang
hinausgingen, um Elektrizität zu sehen
(wie eine Erscheinung
schimmerte
ein einziges Gebäude).

Und wir kämmten uns,
kleideten uns an,
und vom schwarzen
Schulhof aus
betrachteten wir es.

Eh, in dieser Stadt …
In dieser Finsternis …
Eines Nachts …

Die Sternschnuppe
brach auf, horizontal,
zum ersonnenen Schenkel des Berges.
Die Sternschnuppe hielt inne.
Unsere Wünsche sind nicht in Erfüllung gegangen.

Genau da. Gerade aus der Finsternis.
Aus der Richtung der Sternschnuppe.
Fingen sie an zu schießen
auf uns.

Očevi

Emiru

Otišli su …
Nisu stigli da se pokunje
kad razgoropađeni komšija
psuje zbog međe.

Niti da pijani pričaju gluposti
zbog kojih bi nas dugo poslije bilo stid.

Nisu stigli hiljadu i jedan put
zakasniti na roditeljski.

Ili propustiti porodično slavlje.
Zabraniti bicikl.
U bijesu izrezati peraja.
Kupiti dugotrajne umjesto lijepih cipela.

Otišli su tren prije nego je
majčina gornja usna pukla
u susretu s rubom stepenika.

Naši očevi su bezgrešni.
Ukrasni kukci razapeti
u vitrinama od stakla.
I na nas, evo,
budno motre
svojim mrtvim mrežastim očima.

Die Väter

Für Emir

Sie sind fortgegangen …
Sie kamen nicht mehr dazu, sich zu ducken
vor dem wütenden Nachbarn, als er
der Gutshofgrenze wegen fluchte.

Betrunkenen Torheiten zu erzählen,
für die wir uns nachher noch lange schämen würden.

Tausend und ein Mal kamen sie nicht dazu,
sich beim Elternabend zu verspäten.

Oder eine Familienfeier zu verpassen.
Das Fahrrad zu verbieten.
Im Zorn die Schwimmflossen zu zerschneiden.
Unverwüstliche statt schöner Schuhe zu kaufen.

Sie gingen fort nur einen Augenblick ehe
Mutters Oberlippe riss
im Zusammenstoß mit der Treppenkante.

Unsere Väter sind fehlerlos.
Ornamentale, aufgespießte Käfer
in Glasvitrinen.
Und uns beobachten sie jetzt wachsam,
mit ihren toten, netzförmigen Augen.

Majka Hrabrost

Majka Hrabrost primala je dugo izraze sućuti
i hodala mirno u povorci uz sanduk –
njegove stvari dočekala je
naknadno, kad je sve prošlo,
kad su vijenci već dobrano istruhli.

Majka Hrabrost ima malog unuka
s kojim slaže kockice,
jede banane
broji do deset
i zakunja pred tv dnevnik.

Majka Hrabrost unuku za rođendan napravi tortu
u obliku nindža kornjače,
puše s njim u svjećice
i nasmijana gleda
u objektiv foto-aparata.

Mutter Courage

Mutter Courage bekam immerfort Beileidsbekundungen
und schritt ruhig in der Prozession neben dem Sarg –
seine persönlichen Dinge empfing sie
im Nachhinein, als alles vorüber war,
als die Blumenkränze schon längst verrotteten.

Mutter Courage hat einen kleinen Enkel,
mit dem sie Bauklötzchen stapelt,
eine Banane isst,
bis zehn zählt
und bei der Tagesschau einschlummert.

Mutter Courage bereitet dem Enkel zum Geburtstag
eine Torte in Form einer Ninja-Schildkröte,
pustet mit ihm die Kerzchen aus
und blickt lächelnd
ins Objektiv der Kamera.

Prazne ruke

Nama su ti djeca jedno do drugog.
I uvijek smo svi nešto donosili, ostavljali.
Crteže. Bombone. Cvijeće.

Jednom ona prestane.
Reko joj hodža da to nije po našem.
E, to ja, vidiš,
to ja ne shvatam.

A poštujem svačije.
I hodži hodžino.
Al to mi vidiš u glavu neće nikako.

Da je tako pusti da svaki put dolazi
i da govori
Izvini,
izvini što smo ti …
što smo ti prazne ruke došli …

Mit leeren Händen

Es sind unsere Kinder, eins neben dem anderen.
Und stets haben wir ihnen etwas
mitgebracht, dagelassen.
Bildchen. Bonbons. Blumen.

Auf einmal hört sie damit auf.
Der Hodscha sagte ihr, dies sei bei uns nicht Brauch.
He, das ist es, siehst du,
was ich nicht begreife.

Und ich achte alle Gebräuche.
Auch die des Hodscha.
Aber schau, das will mir
ganz und gar nicht in den Kopf.

Wie er sie jedes Mal so herkommen
und sagen lässt
Entschuldige, entschuldige, dass wir …
dass wir mit leeren Händen zu dir gekommen sind …

Mjerenje vremena

Nekad sam protok vremena
mjerila samo po nogavicama koje mu odvrnem.
A nikad nisam vidjela,
nisam znala kad mi to pred očima krišom izraste.

Danas?
Ne znam.
Ide vrijeme i sad, mora da ide.
Ali ga nemam više ničim mjeriti.

Zeitmessung

Damals habe ich gemessen wie die Zeit vergeht,
nur an den Hosenbeinen,
die ich ihm herunterkrempelte.
Und ich habe nie gesehen,
nie gewusst, wann er heimlich und vor meinen Augen
da herauswuchs.

Heute?
Ich weiß nicht.
Die Zeit vergeht auch jetzt, sie muss vergehen.
Nur habe ich nichts mehr, um sie zu messen.

Odlazak

Sve ima pukotine. Tako svjetlost prodire u stvari.

Rastala sam se od kuće.
Poljubila dovratak kratko,
da me niko ne vidi.

Godinama još
svrbiće me moj
fantomski dom

iz kojeg sam
hitro i odlučno
(jer tako se spašava život)
cijela ja izrezana.

Fortgehen

Alles hat Risse. So dringt Licht in die Dinge ein.

Ich habe mich von meinem Haus getrennt.
Habe den Türpfosten geküsst, schnell,
damit mich niemand sieht.

Jahrelang noch
kribbelt mich mein
Phantomheim,

aus dem ich fortging,
flink und entschlossen,
(denn so rettet man ein Leben) –
aus dem ich ganz und gar herausgeschnitten bin.

Alipašino

Mi smo djeca iz naselja
koja se nikad neće naći
na razglednicama.

U naš kraj turisti ne zalaze.

Mi ne dobivamo predsjedničke izbore u drugom krugu.
I nijedan jezik ne govorimo bolje nego maternji.
Ne znamo da imamo braću blizance
u svim gradovima svijeta.

U naš kraj turisti ne zalaze.

Ovdje ništa nije znamenito:
osnovna škola,
samoposluga, i jedan stari orah odavno posječen.

U naš kraj turisti ne zalaze.

I nemamo im pokazati ništa.
Osim sebe.

Alipašino

Wir sind Kinder aus den Vierteln,
die sich niemals
auf Postkarten finden.

In unserem Gebiet verkehren keine Touristen.

Wir bekommen keine Präsidentenwahlen
in zweiter Runde.
Und keine Sprache sprechen wir besser
als unsere Muttersprache.
Wir wissen nicht, dass wir Zwillingsbrüder haben
in allen Städten der Welt.

In unserem Gebiet verkehren keine Touristen.

Hier ist nichts sehenswürdig:
eine Grundschule,
ein Selbstbedienungsladen und ein alter,
seit Langem gefällter Nussbaum.

In unserem Gebiet verkehren keine Touristen.

Und wir haben nichts, was wir ihnen zeigen können.
Außer uns selbst.

Front Line On-Line

gumenom palicom
u bubrege rebra
da mi je
da mi je

špic noža pod vrat
zatvor
kućni pritvor barem

da mi je
da mi je

lisice
teške lance
streljački vod

da me siluju
da me bace u rijeku
metak da me poljubi vrelo
dok jurišam na barikadu
progori prokine

bilo bi lakše
ljepše bi bilo

sve
sve
samo ne ovaj
strah od bakterija
sa slušalice i tastature

Front Line On-Line

mit dem Gummiknüppel
in die Nieren, die Rippen,
wünschte ich,
wünschte ich,

die Messerspitze an die Kehle,
Gefängnis,
mindestens Hausarrest,

wünschte ich,
wünschte ich,

Hunde,
schwere Ketten,
ein Erschießungskommando,

dass man mich vergewaltigt,
dass man mich in den Fluss wirft,
eine Kugel, die mich glühend küsst,
während ich auf die Barrikade stürme,
zerfetzt,

das wäre leichter,
das wäre schöner,

alles,
alles,
nur nicht diese
Angst vor Bakterien
aus dem Hörer und der Tastatur,

samo ne kafa iz automata
metalik boja
rasprodaja
igraonice za djecu

samo ne ova obamrlost
u kojoj nepomični

        pričamo viceve
        kupujemo
        jebemo majke
        kopamo bunare u Africi
        dižemo revolucije

odsutno kljucajući kažiprstom

nur kein Kaffee aus dem Automaten,
Metalliclackierung,
Räumungsverkauf,
Shopping-Spielecken für Kinder,

nur nicht diese Abgestorbenheit,
in der wir reglos

Witze erzählen,
einkaufen gehen,
Flüche ausstoßen,
Brunnen graben in Afrika,
Revolutionen anzetteln,

während wir abwesend mit dem Zeigefinger picken.

Rađanje nacije

Od danas ona više ne prodaje kolače.
Tako je rekao gazda. Čim se kecelja
zategnula na trbuhu.

Ženite se i množite, jer ću se ja
ponositi vašom brojnošću
pred drugim narodima.

Majka troje djece ubrzo je nakon poroda
prošetala pistom: u rekordnom je roku
isklesala tijelo.

Ženite se i množite, jer ću se ja
ponositi vašom brojnošću
pred drugim narodima.

Ona ti više nikad neće biti ista, da znaš.
Neke plate doktoru, pa im na kraju
ušije malo više.

Ženite se i množite, jer ću se ja
ponositi vašom brojnošću
pred drugim narodima.

Die Geburt einer Nation

Ab heute verkauft sie keinen Kuchen mehr.
So sprach der Boss. Sobald sich die Schürze
über ihrem Bauch spannte.

Seid fruchtbar und mehret euch, denn ich
werde stolz sein auf eure Überzahl
gegenüber anderen Völkern.

Eine Mutter dreier Kinder ging bald
nach der Geburt auf den Laufsteg:
In Rekordzeit modellierte sie ihren Körper.

Seid fruchtbar und mehret euch, denn ich
werde stolz sein auf eure Überzahl
gegenüber anderen Völkern.

Sie wird für dich nie mehr die Gleiche sein,
damit du es weißt. Manche geben dem Arzt
ein Trinkgeld, damit er sie am Ende etwas mehr zunäht.

Seid fruchtbar und mehret euch, denn ich
werde stolz sein auf eure Überzahl
gegenüber anderen Völkern.

Rekla sam – dok ne kupimo veći stan,
ne prilazi mi, čuješ li. Ja s njim ovdje
nemam gdje!

Ženite se i množite, jer ću se ja
ponositi vašom brojnošću
pred drugim narodima.

Ich hab ihm gesagt – solang wir keine
größere Wohnung kaufen, komm mir bloß nicht zu nah,
hörst du. Ich weiß hier doch gar nicht wohin mit ihm!

Seid fruchtbar und mehret euch, denn ich
werde stolz sein auf eure Überzahl
gegenüber anderen Völkern.

Tevhid ili oplakivanje

Artritične starice
svečane i važne
ulaze.

Počinju molitvu.
Uigrana ekipa
sinhronog plivanja.
Odlučni odred smrti.

Izvedba bez greške.
Tihi horski šmrcaj.
Ekstaza.

Na kraju pakuju kostime
(svečane papuče i
šalovi protkani zlatom).
Spremaju ih za naredni nastup.

Prije opraštanja
još pokoja lascivna šala
i već na vratima …

Posljednji trač
(pikantan kao turšija domaćice,
malo joj je slabo nadošla)
izgovoren šapatom, kao molitva …

Tevhid oder Die Beweinung

Arthritische Greisinnen,
feierliche und wichtige,
treten ein.

Sie beginnen ihr Gebet.
Ein eingespieltes Team
synchronen Schwimmens.
Entschlossener Todestrupp.

Fehlerlose Vorstellung.
Leises Schluchzen im Chor.
Ekstase.

Zum Schluss packen sie ihre Kostüme ein
(festliche Pantoffeln und
golddurchwirkte Schals).
Sie verwahren sie für den folgenden Auftritt.

Vor dem Abschied
noch hier und da ein lasziver Scherz
und schon an der Tür …

Ein letzter Tratsch
(pikant wie die eingelegten Gurken der Hausfrau,
sie sind ihr etwas schlecht gelungen),
flüsternd artikuliert, wie ein Gebet …

Napredna inteligencija

Grozimo se krvi i dodira.
Crveno dugme detonatora
uglačano i sjajno
bilo bi oružje
po našoj mjeri.

* * *

Išli smo i na *masovku.*
Ne zaboravi rezervne čizme.
Finija koža od one ilovače
nepovratno strada.

Fortschrittliche Intellektuelle

Uns graust vor Blut und Berührung.
Der rote Knopf eines Detonators,
poliert und glänzend,
wäre eine Waffe
nach unserem Maß.

* * *

Wir gingen zum Massengrab.
Vergiss nicht die Reservestiefel.
Das feinste Leder würde vom Lehmboden
unwiederbringlich ruiniert.

Prijatelji

Mi smo prijateli
sa pećinskim ljudima.
Navodno su i kanibali.

U našem domu
vedro se protežu,
opuštaju,
grickaju kikiriki i masline, gledaju tv.
Pitaju kako nam je na poslu.

Maze se na našem tepihu.

Nekad ih zateknemo –
gledaju nas
i oblizuju se …

Freunde

Wir sind befreundet
mit Höhlenmenschen.
Angeblich sind sie auch Kannibalen.

In unserem Haus
räkeln sie sich heiter,
entspannen sich,
knabbern Erdnüsse und Oliven, sehen fern.
Sie fragen, wie war dein Tag.

Sie kuscheln auf unserem Teppich.

Manchmal ertappen wir sie –
sie schauen uns an
und lecken sich die Lippen …

Loša izolacija

Moj komšija je lud.

Ima osamdeset godina i
vodi ljubav preko telefona.

Zove djecu svaki dan.
Saziva širu rodbinu da SVI
dođu sutra u jedanaest.

Naručuje buđenje na recepciji.

Dojavljuje nekome nešto
gromoglasnim šaptom.

Moj komšija je sam.
I pomalo lud.

Pa su mu djeca još lani,
da im ne smeta,
isključila telefon.

Schlechte Isolation

Mein Nachbar ist verrückt.

Er ist achtzig und
macht Liebe am Telefon.

Ruft jeden Tag die Kinder an.
Versammelt die komplette Verwandtschaft,
es sollen ALLE morgen um elf kommen.

Ordert an der Rezeption einen Weckruf.

Teilt jemandem etwas mit
in donnerndem Flüstern.

Mein Nachbar ist einsam.
Und ein wenig verrückt.

Deshalb haben seine Kinder
noch im vergangenen Jahr,
damit er sie nicht störe,
sein Telefon abgeschaltet.

JA PRLJAVA, JA GUBAVA

ICH SCHMUTZIGE, ICH AUSSÄTZIGE

Govorim

Nije to samo moje ranjeno lice, raspolućena duša,
izmučeno tijelo.

Govorim i za tri gubave
jednu prljavu
četiri sirote
hiljadu nijemih
dvije što imaju kraću nogu
deset njih što nikad nisu imale muškarca
pet hiljada koje ne smiju iz avlije
i još četiri što im pokrivaju glavu.

Tri kojima ne daju posao
dvije koje ne idu u školu jer *nisu kurve*
tristo silovanih jer *jesu kurve.*

Za onu jednu malu
koja će povjerovati da je gubava prljava sirota nijema.

Za onu jednu slobodnu
što smjerno čeka
da bude rođena.

Ich spreche

Es ist nicht nur mein verwundetes Antlitz,
meine gespaltene Seele,
mein geschundener Körper.

Ich spreche auch für drei Aussätzige,
eine Schmutzige,
vier Verarmte,
tausend Stumme,
zwei mit einem kurzen Bein,
zehn, die nie einen Mann hatten,
fünftausend, die den Hof nicht verlassen dürfen,
und noch vier, denen der Kopf verschleiert wird.

Drei, denen man keine Arbeit gibt,
zwei, die nicht zur Schule gehen,
denn *sie sind keine Dirnen,*
dreihundert Vergewaltigte,
denn *sie sind Dirnen.*

Für jene eine Kleine,
die glaubt, sie sei aussätzig, schmutzig, arm, stumm.

Für jene eine Freie,
die demütig darauf wartet,
geboren zu werden.

Playboy, izdanje za Balkan

Slikaću se za *Playboy*
i svoje najintimnije snimke
pod hitno staviti na *YouTube*.

Završiti jednom za vijeke vjekova
sa svima.
Koji ti krišom mjere debljinu prsta.
Koji te upoznaju s nastranim ocem
i poludjelom majkom.
Koji ti se kao kolajna
kače na grudi
da ih nosiš kroz život.

Slikaću svoje lijepe grudi za *Playboy*.
I od *ozbiljnih namjera*
tog pancira što me u zemlju zariva –
zauvijek ću biti spašena.

Playboy, Balkanausgabe

Ich lasse mich für den *Playboy* fotografieren,
und meine intimsten Aufnahmen
stelle ich so schnell es geht auf *YouTube*.

Einmal für immer und ewig Schluss machen
mit allen.
Denen, die heimlich deinen Fingerumfang messen.
Denen, die dich mit ihrem dubiosen Vater
und ihrer verrückten Mutter bekannt machen.
Denen, die sich wie ein Orden an deine Brust heften,
damit du sie durchs Leben trägst.

Ich lasse meine schönen Brüste
für den *Playboy* fotografieren.
Und vor den *ernsten Absichten*,
dieser Kugelweste, die mich in die Erde rammt –
werde ich für immer gerettet sein.

Self-Perception

Mislila sam
ja nosim kolače
berem cvijeće
vrludam kroz šumu.
Mislila sam
ja donosim pomoć,
ljubav i spas.

Onda sam se vidjela
u starinskom, potamnjelom ogledalu
povrh njenoga uzglavlja.

Kezila mi se
moja dlakava
krvožedna gubica.

Self-Perception

Ich dachte,
ich trage den Kuchen,
pflücke Blumen,
irre durch den Wald.
Ich dachte,
ich überbringe Hilfe,
Liebe und Rettung.

Dann habe ich mich gesehen
im antiken, sich verfinsternden Spiegel
über dem Kopfende ihres Bettes.

Mein haariges,
blutdurstiges Maul
bleckte mir die Zähne entgegen.

Dijalog u 27. noći Ramazana

Bože, o Ti
koji
(utvrdili smo empirijski)
ne postojiš.

Nauči me da
upoznam i podnesem sebe
da razumijem
bez mnogo jeda
druge
i da ojačam
ova posustala leđa.

Nauči me
(ako ti je uz sve druge probleme,
sad uopće do toga) …

da odlučno,
bez kolebanja
(i kad su turbulencije gadne,
godina sušna ili zima duga) …

nauči me da
od tebe moćnog
već jednom
zauvijek
dignem ruke.

Dialog in der 27. Nacht des Ramadan

Lieber Gott, o Du,
der Du
(das haben wir schon empirisch bestätigt)
nicht existierst.

Lehre mich,
mich selbst zu kennen und zu ertragen,
die anderen
ohne viel Groll
zu verstehen,
und zu kräftigen
dieses erschlaffte Rückgrat.

Lehre mich
(falls dir überhaupt bei allen anderen Problemen
so zumute ist, dich darum zu kümmern) …

entschlossen,
ohne zu wanken,
(selbst wenn die Turbulenzen ganz schlimm sind,
falls ein Dürrejahr oder langer Winter herrscht) …

lehre mich,
von Dir Mächtigem
schon ein
für alle Mal
die Hände zu lassen.

Bile smo dvije

Bile smo dvije.

Onda su jednu ubili.

Stajala je još neko vrijeme
onako osušena, skorena.

Bilo je ideja da je odnesu u ropotarnicu
ili poklone nekome za ukras.

Kad su je probali uzeti
rasula se u prah

pa su je samo lako otpuhnuli kroz prozor …

Sad se ponekad kaju.

Kad zapuše vjetar
stave navlaženu gazu preko nosa i usta

i govore
(a mrmljaju, jedva od one gaze razumiješ):
pošast pošast pošast

Wir waren zwei

Wir waren zwei.

Dann haben sie die eine umgebracht.

Sie blieb noch eine Zeit lang stehen,
derart welk, angewurzelt.

Es gab die Idee,
sie in eine Rumpelkammer zu bringen
oder sie jemandem zur Zier zu schenken.

Als sie versuchten, sie anzuheben,
zerfiel sie zu Staub,

und so pusteten sie sie nur leicht durchs Fenster …

Jetzt bereuen sie es manchmal.

Wenn der Wind weht,
legen sie die angefeuchtete Gaze
über Nase und Mund

und sagen,
(doch sie murmeln, kaum dass du sie
der Gaze wegen verstehst):
Seuche, Seuche, Seuche.

Prijateljice me tješe

Sve one pametno zbore
i ništa, baš ništa
ni na tren

da ušutka
urlike
napola rasporene
mačke u meni:

izmakla je psećoj čeljusti
i sad se
zadnjom snagom
kandžicama
za sklisku koru stabla
pridržava.

Die Freundinnen trösten mich

All jene reden klug daher,
und nichts, wirklich nichts,
nicht für einen Moment,

bringt die Schreie
der in zwei Hälften gerissenen
Katze in mir
zum Schweigen:

Sie war der Hundeschnauze entwischt,
und jetzt
halten sich ihre kleinen Krallen
mit letzter Kraft
an der glatten Baumrinde
fest.

Odrasli

Stojimo u redu da platimo račune.

Ti u džepu stiskaš kaleidoskop –
privjesak za ključeve.

Ja u sebi recitujem
Ježevu kućicu.

Žena za šalterom nosi gaćice
oslikane likovima iz crtića.

Erwachsene

Wir stehen in der Schlange,
um Rechnungen zu bezahlen.

Du presst das Kaleidoskop in der Tasche –
den Schlüsselanhänger.

Ich singe für mich
Hänschen klein.

Die Frau am Schalter trägt einen Slip
mit Zeichentrickfiguren bedruckt.

Uravnilovka

Priznam li da sam sretna
zabrinutno viknu: *Euforija*!

Potegnu krupne i dugačke riječi.
Njima me onda
ko maljevima teškim
drmnu po glavi –
zdušno i odlučno
vrate u ravan.

Die Gleichmachung

Falls ich gestehe, ich sei glücklich,
rufen sie besorgt aus: *Euphorie*!

Sie zücken ihre schweren und langen Worte.
Mit diesen schlagen sie mich dann
wie mit wuchtigen Rammen
auf den Kopf –
sie bringen mich eifrig und entschlossen
auf die gleiche Ebene zurück.

Samouvjereno mi tvrde

Život ide dalje …
Kakva perfidna laž.

Sie behaupten selbstbewusst

Das Leben geht weiter …
Was für eine perfide Lüge.

He-he-helijum

Jednom sam u crkvi
vrlo ozbiljnoj i važnoj
ukliješten uz same
plafonske grede
vidjela
helijumski balon
drečav i sjajan
umakao valjda kakvom djetetu
na podugačkoj misi.

Nasmiješio mi se odozgo
moj dvojnik.
Spriječen da sasvim odleti.
Bezazleni pobunjenik
osuđen na smrt
tihim ispuhivanjem.

He-he-Helium

Eines Tages habe ich in einer Kirche,
einer sehr ernsten und wichtigen,
zwischen den Dachbalken
eingeklemmt,
einen Heliumballon
gesehen,
schrill und glänzend,
wahrscheinlich einem Kind entschlüpft
während einer ziemlich langen Messe.

Von oben hat er mir zugelächelt,
mein Doppelgänger.
Daran gehindert, ganz und gar fortzufliegen.
Ein harmloser Rebell,
verurteilt zum Tode
durch leises Ausblasen.

Prepreke

Igrali smo video-igricu.
Bila sam dobra.
Srčana.
I refleksi su radili
kao sat
(mehanički, precizan).
Sve spremnija sam bila.
I brža. I luđa.
(Samo bi se balerine
u diktaturama kretale tako vješto).
Izmicala sam
puškama čeljustima zvijerima.
Neko vrijeme činilo se –
dobivam.

A opet sam
sve živote
potrošila …

Hindernisse

Wir spielten ein Computerspiel.
Ich war gut.
Beherzt.
Und die Reflexe funktionierten
wie ein Uhrwerk
(mechanisch, präzise).
Ich war immer geistesgegenwärtiger.
Und schneller. Und verrückter.
(Nur die Ballerinen
in Diktaturen würden sich so gewandt bewegen).
Ich entkam
Gewehren, Raubtiermäulern.
Eine Weile schien es –
als würde ich gewinnen.

Und doch habe ich
alle Leben
vergeudet …

Ptica laskavica

Zasjajila je iz mraka
kao krijesnica
sa svojim pozdravom.

Pohvalila mi, brzo, cvrkutavo,
i odijelo i um.

Kupala sam se u svjetlu njenih pohvala
kao u skupom spa centru
sa zavodljivih reklama:
opuštajuće, ugodno, razmazite svoja čula …

Ptica laskavica – la-ska-vi-ca
hukao je na mene ljubomorni mrak.

Die schmeichelnde Schleiche

Sie funkelte aus dem Dunkel hervor
wie ein Glühwürmchen
grüßend.

Sie lobte rasch, schnalzend,
meinen Anzug und meinen Verstand.

Ich badete mich im Licht ihrer Schmeicheleien
wie in einem teuren Wellnesscenter
aus verführerischen Werbeslogans:
entspannend, behaglich, verwöhnen sie ihre Sinne …

Eine schmeichelnde Schleiche – Schlei-che,
hauchte mir das eifersüchtige Dunkel zu.

Pjesnik

Kostur na kojem je napeto
malo požutjele kože.

Dvije žerave oka.
Vječno pripaljena cigara.
Ništa.

A njegove pjesme: gromke trube jerihonske!
Iz groba učmalog života nas, evo, istjeruju!

Der Dichter

Skelett, über das sich die ein wenig
falbe Haut spannte.

Zweifache Augenglut.
Ewig brennende Zigarette.
Nichts.

Und seine Gedichte:
donnernde Trompeten von Jericho!
Aus dem Grabe welken Lebens
treiben sie uns nun heraus!

Znaš li zašto ja sve ovo?
(ili Pisanje poezije)

Ako mi i jave da je pala,
ja ću znati da nije,
uprkos svemu da nije,
a znaš kako ću znati?

Kad stignem kući
umorna, preumorna,
odrvenjela od ljudi
                duhana
                i razgovora …

kad spustim na pod
jedre grozdove najlonskih kesa
i planiram:
sir odmah u frižider
voće u zdjelu, na sto …

kad skinem pantalone
upalim radio:
sjadim se od tužnih vijesti …

izvadim iz torbe
pjesme Ilije Ladina
počnem listati – samo da omirišem knjigu
i onda – onako u gaćama –
ostanem stajati u kuhinji
i čitam
čitam sve do posljednje pjesme

Weißt du, wozu ich all das tue?
(oder Das Gedichteschreiben)

Sogar falls man mir kundtäte, sie sei gefallen,
werde ich wissen, sie ist es nicht,
trotz allem ist sie es nicht,
und weißt du, woher ich das weiß?

Wenn ich nach Hause komme,
müde, unglaublich müde,
betäubt von den Menschen,
                    vom Tabak,
                    und von Gesprächen …,

wenn ich zu Boden sinken lasse
die Plastiktüten wie pralle Trauben,
und ich plane:
Käse sofort in den Kühlschrank,
Obst in eine Schale, auf den Tisch …,

wenn ich meine Hose ausziehe,
das Radio einschalte:
schwermütig werde von den traurigen Nachrichten …,

wenn ich aus der Tasche
die Gedichte von Ilija Ladin ziehe,
zu blättern beginne – nur um das Buch zu riechen,
und ich dann – so in Unterhosen –
in der Küche stehen bleibe
und lese,
lese alles bis zum letzten Gedicht,

a sir kese voće radio svijet
zastanu
i na me sačekaju …

Eto tako ja tada
znam
da sve još
i da ona
još …

und der Käse, die Tüten, das Obst,
das Radio, die Welt
halten plötzlich an
und warten auf mich …

Siehst du, so
weiß ich,
dass alles noch,
und dass auch sie
noch …

Pjesnikinja daje recept književnoj kritičarki

– I koliko se onda
ta tvoja čorba kuha?
– Pa kuhaš je … Onako …
Dok do kraja poglavlja ne dočitaš.
Da ne prekidaš.

Die Dichterin gibt der Literaturkritikerin ein Rezept

– Und wie lange kocht
diese deine Suppe dann?
– Nun du kochst sie … ungefähr …
bis du ein Kapitel ausgelesen hast.
Damit du nicht unterbrichst.

LJUDI GOVORE*

»Nikada nisu rekli ružnu riječ o ljudima koji su im to uradili. Osim iščuđavanja nad onim što su doživjeli.«

Jean-René Ruez, glavni istražitelj za Srebrenicu, o preživjelima

* Ciklus *Ljudi govore* sastoji se od rečenica koje su izgovorili ljudi koji su preživjeli različite oblike torture … Autorica je njihove izjave samo posudila, izdvojila i dala im naslov.

DAS VOLK SPRICHT*

»Niemals haben sie ein hässliches Wort über die Leute verlauten lassen, die ihnen das angetan haben. Außer der Verwunderung über das, was sie erlebt haben.«

Jean-René Ruez, Hauptuntersuchungsrichter für Srebrenica, über die Überlebenden

* Der Zyklus *Das Volk spricht* besteht aus Sätzen, von Menschen artikuliert, die verschiedene Formen von Torturen überlebt haben … Die Autorin hat ihre Aussagen nur geliehen, losgelöst und ihnen eine Überschrift gegeben.

Neznanje

Kaže: Prekrsti se!
I ja se prekrstim.
Nego ja nisam znao
pa ja cijelom šakom.
E onda je on
ušicama sjekire
po ruci.
A dina mi, cura,
nisam znao.

Unwissenheit

Er sagt: Bekreuzige dich!
Und ich bekreuzige mich.
Doch ich wusste nicht wie
und tat es mit der ganzen Hand.
Eh, und dann hat er
mit der stumpfen Seite einer Axt
auf meine Hand eingeschlagen.
Aber ich schwöre dir bei Allah, Mädchen,
ich habe es nicht gewusst.

Elementarna nepogoda

Tu nas je dovelo
u jedan kompleks:
nekoliko kuća i
garaža.
Uđeš u jednu, u drugu,
u treću.
I onda izađeš mrtav.

Elementarer Unfall

Da führten sie uns
in einen Komplex:
einige Häuser und
eine Garage.
Du gehst in die eine hinein, in die zweite,
in die dritte.
Und dann kommst du tot heraus.

Osveta

Znam ja ko mi je
ubio ženu i
sina i
šćer.
Znam, jedan se od njih vratio.
Drži pekaru.
Al ja gledam da
kod njega nikad ne uzimam.

Rache

Ich weiß, wer
meine Frau
und meinen Sohn
und meine Tochter ermordet hat.
Ich weiß, einer von ihnen ist zurückgekehrt.
Er hat eine Bäckerei.
Aber ich sehe zu, dass ich
bei ihm niemals etwas kaufe.

Tuširanje

Lelujaju se ko morska trava
dok ih stražari peru iz
vatrogasnih šmrkova.
Tridesetak muškaraca koje
ne znam. Svi goli.
I Hajra, službenica
iz banke, među njima.
Do dan-danas tijela,
koliko ja znam,
nisu našli.

Duschen

Sie wogen hin und her wie Seegras,
als die Wachmänner sie waschen, aus
Feuerwehrpumpen.
Ungefähr dreißig Männer, die
ich nicht kenne. Alle nackt.
Und Hajra, die Angestellte
aus der Bank, ist unter ihnen.
Bis zum heutigen Tag wurden ihre Körper,
soviel ich weiß,
nicht gefunden.

Kondicija

Nisam mogao
ponijeti sve troje.
Jedno sam ostavio
u šumi.

Kondition

Ich konnte nicht
alle drei mitnehmen.
Eines ließ ich
im Wald.

Zanimanje

Prije sam bila pravnica.
Danas sam žrtva.

Beruf

Früher war ich Juristin.
Heute bin ich Opfer.

Rođendan

Tu smo se svi
okupili. Ispred
fabrike akumulatora.
A ugrijalo, juli.
Na asfaltu
pored mene
u isto vrijeme
rađalo se dijete.

Geburtstag

Hier waren wir alle
versammelt. Vor der
Akkumulatorenfabrik.
Und heiß war es, Juli.
Auf dem Asphalt
neben mir
wurde zur gleichen Zeit
ein Kind geboren.

Zabluda

Mislio je
da niko neće žene i djecu
pa je ostavio
majku i mene.

Irrtum

Er dachte,
dass niemand Frauen und Kinder quält,
und er ließ uns zurück,
Mutter und mich.

Preživjeli

Dvaput sam
tiho
da mati ne čuje
i da se ne prepadne
oca
sa vješala
skidala.

(Ključ, Sanski Most, Prijedor, Foča, Sarajevo, Potočari)*

* »Jeste li možda za kapućino? Ili neki sok? Donijeću ja, ima kafić dolje, nije mi mrsko. Nemojte još ići. Nemojte bar dok se malo ne osvježite.«
Zbunjena, osjećajući se sasvim glupavo, ove riječi sam izrekla pred grupom bivših logoraša. Stajali smo na hodniku jedne

Die Überlebenden

Zweimal habe ich,
lautlos,
damit Mutter es nicht hört,
und sie sich nicht erschreckt,
Vater
vom Strang
abgenommen.

(Ključ, Sanski Most, Prijedor, Foča, Sarajevo, Potočari)*

* »Möchten sie vielleicht einen Cappuccino? Oder einen Saft? Ich bringe ihnen etwas, da unten gibt es ein Café, es bereitet mir gar keine Umstände. Gehen sie noch nicht. Nicht, solange sie sich nicht wenigstens ein bisschen erfrischt haben.« Verwirrt, mich ganz töricht fühlend, sprach ich diese Worte vor einer Gruppe ehemaliger Lagerinsassen aus. Wir standen im Flur eines alten Dubrovniker Hauses; draußen herrschte schon Sommerhitze, aber die dicken Mauern boten noch immer eine angenehme Frische. Einige Augenblicke zuvor war der Vortrag beendet, den uns, einer Gruppe Postdiplomanden des Studiums der Menschenrechte, diese Leute hielten, die das Lager überlebt hatten. Mehrere Stunden lang erzählten sie geduldig von

stare dubrovačke zgrade; vani je već bila ljetna jara, a debeli zidovi su još uvijek pružali ugodnu svježinu. Nekoliko trenutaka ranije bilo je završeno predavanje koje su nama, grupi postdiplomaca na studiju ljudskih prava, održali ovi ljudi koji su preživjeli logor. Nekoliko sati oni su strpljivo govorili o najnezamislivijim torturama: kako je sve počelo, kako su im jedan dan rekli da ne moraju doći na posao, kako su ih kupili u kombije, kako su ih natiskivali u vrele pretrpane prostorije, bacali im komadiće hljeba tjerajući ih da se izgladnjeli oko njih potuku, kako su im davali svega nekoliko sekundi da stojeći kusaju rijetku čorbu, kako su ih tukli, kako su ih opet tukli, kako su ih silovali i onda opet tukli. Kako su zatvorenici jedan po jedan nestajali, a ostali se (tako valjda u svakom logoru biva) nadali da će ih smrt zaobići budu li samo dovoljno nevidljivi.
»Ove priče su prestrašne«, rekao je gost, profesor iz Amerike. »Time što ih slušamo mi smo traumatizirani. Organizatori nam ovo nisu smjeli napraviti, nisu nas pripremili na ove užase. Nama bi sad trebala jedna kolektivna seansa sa psihijatrom, mi ovo moramo izbaciti iz sebe i preraditi ovu traumu.«
Nakon završenog predavanja bivši logoraši su ustali, spremni da krenu, a ja sam, potpuno suludo, neumjesno, drsko, stala pred njih i ponudila ih kapućinom. Ništa pametno mi nije padalo na um; nisam nalazila riječi da iskažem svoju sućut; nije postojalo ništa što bih nakon svega mogla reći tim ljudima a što ne bi zvučalo pogrešno, barem kao zahtjev američkog profesora da se neko pobrine za *naše* izmučene duše. Ali svejedno sam osjećala da ih ne mogu pustiti tek tako, da nakon što su s nama podijelili svoja najstrašnija iskustva ne možemo jednostavno ugasiti projektor na kojem je neko iz udruženja pokazivao neke brojke, pokupiti svoje bilješke i odšetati u hladovinu neke dubrovačke kafane, sretni što smo obavili predavanja za taj dan. Prisustvovati svjedočenju ovih ljudi bila je jedna od rijetkih prilika kad se život pred nama ukaže tako koncentrisan i stisnut u gromuljicu očaja da ga je nemoguće okusiti i probaviti a da se prethodno ne razrijedi. Život koji su ti ljudi upoznali bio je pretežak i prestrašan – a najpotresnija od svega bila je pomirenost s kojom su govorili, i taj njihov odsutni

unvorstellbarsten Torturen: wie alles begann, wie man ihnen an einem Tag sagte, dass sie nicht mehr zur Arbeit kommen müssten, wie man sie in Kombis sammelte, sie in heiße, überfüllte Räume pferchte, ihnen Brotstückchen zuwarf, sie so zwingend, dass sie ringsum ausgehungert aneinandergerieten, wie man ihnen im Ganzen wenige Sekunden gab, um stehend die spärliche Suppe zu löffeln, wie man sie schlug, wie man sie wieder schlug, wie man sie vergewaltigte und dann erneut schlug. Wie Häftlinge einen um den anderen Tag verschwanden, und die übrigen (so geschieht das wohl in jedem Lager) hofften, dass sie der Tod umgehe, wenn sie nur unsichtbar genug seien.
»Diese Geschichten sind unglaublich schlimm«, sagte ein Gast, ein Professor aus Amerika. »Dadurch, dass wir ihnen zuhören, sind wir traumatisiert. Die Organisatoren durften uns das nicht antun, sie haben uns auf diese Schrecken nicht vorbereitet. Wir bräuchten jetzt eine kollektive Supervision mit einem Psychologen, wir müssen das aus unserem Inneren loswerden und dieses Trauma bearbeiten.«
Nach Beendigung ihres Vortrags erhoben sich die ehemaligen Lagerinsassen, bereit zum Gehen, und ich, vollkommen närrisch, unpassend, anmaßend, stand vor ihnen und bot ihnen Capuccino an. Nichts Kluges kam mir in den Sinn; ich fand keine Worte, um mein Mitgefühl auszusprechen; es gab nichts, was ich nach alledem diesen Menschen hätte sagen können, und was nicht falsch klingen geklungen hätte, mindestens wie die Forderung des amerikanischen Professors, jemand solle sich um *unsere* geplagten Seelen kümmern. Aber einerlei, ich fühlte nur, dass ich sie nicht so gehen lassen kann, dass, nachdem sie ihre schrecklichsten Erfahrungen mit uns geteilt haben, wir nicht einfach den Projektor ausschalten können, auf dem jemand aus dem Verein irgendwelche Zahlen präsentiert hatte, unsere Notizen aufheben und in die Kühle eines Dubrovniker Cafés spazieren, glücklich, für diesen Tag die Vorträge hinter uns gebracht zu haben. Der Zeugenaussage dieser Menschen beizuwohnen war eine der seltenen Gelegenheiten, dass sich uns das Leben so konzentriert und auf einen Klumpen Verzweiflung zusammengepresst zeigt, und dass es unmöglich ist,

mehanički ton, očigledno nastao usljed bezbrojnih ponavljanja pred različitim slušaocima. Kako bi nastavili sa svojim životima, oni su se odrodili od sadržaja svog iskaza, oni sami se svojim rečenicama više nisu čudili. U svojim sudbinama, u komandama svojih dželata, u svojim reakcijama i nadrealnim okolnostima u kojima su se našli, oni više nisu vidjeli ništa neobično i neprirodno. Moj unutrašnji glas me tjerao da u istoj sekundi učinim bilo šta što bi barem za jednu praškicu olakšalo strašni teret na plećima ovih ljudi. Ponuditi im okrepu bilo je sve što sam mogla smisliti, i iskreno sam se obradovala kada su moj poziv prihvatili.

Uskoro smo sjedili u ugodnom hladu vremešnih mediteranskih stabala, a ja sam iz obližnje kafane donijela osvježenje. Od toga dana prije nekoliko godina ja se ne prestajem pitati šta se s ratnim iskustvima i traumama može učiniti da bismo uticali na živote drugih ljudi, dotakli ih, nagnali na razmišljanje i prodrmali iz jednoličnih, automatiziranih života. Od tog dana ne prestajem sebi postavljati dva pitanja: parazitiram li na tuđoj traumi? I je li umjesno estetizirati užas kakav je preživljavanje genocida kako bi on postao probavljiv »običnom čovjeku« i uticao na njegov mali, *sretni*, ugodni život?

Nekoliko sedmica nakon susreta s bivšim logorašima pogledala sam svoje bilješke od toga dana, i pomislila sam da sam pronašla modus kako artikulisati intenzitet emocija i refl eksija razmijenjenih u Dubrovniku. Za vrijeme predavanja uočila sam kako se često u iskazima ljudi koji su preživjeli duboke traume nađu rečenice od kojih pamet staje: jednoličnim tonom, naizgled sasvim jednostavnim izjavnim rečenicama, iskazuje se apsurd i ludilo situacija u kojima se žrtve nađu. Preživjeli ponekad izgovaraju najzačudnije i najstravičnije stvari jednolično, kao da govore o vremenu ili kao da razmjenjuju kurtoazne isprazne fraze. Sebi sam dala slobodu da neke od tih rečenica izdvojim iz ostatka iskaza i dam im naslov, praveći tako pjesmu. Htjela sam jedino: svjetlo male lampe koja mi je data usmjeriti na te zastrašujuće minijature, i tako vratiti tim iskazima njihov semantički sadržaj, upisati im uz kontrastan, naizgled distanciran naslov, i neka nova značenja. Na sličan način sam »isko-

es zu kosten und zu probieren, und es sich vorläufig nicht verwässert. Das Leben, das diese Menschen kennengelernt haben, war unglaublich schwer und furchtbar – und das Erschütterndste von allem waren ihre Resignation beim Sprechen und dieser abwesende, mechanische Tonfall, der offensichtlich infolge zahlloser Wiederholungen vor unterschiedlichsten Zuhörern entstanden war. Wie konnten sie ihr Leben fortsetzen, sie sind vom Inhalt ihrer Aussage abtrünnig geworden, sie wunderten sich selbst nicht mehr über ihre Sätze. In ihren Schicksalen, in den Befehlsstellen ihrer Scharfrichter, in ihren Reaktionen und surrealen Umständen, in denen sie sich befanden, sahen sie nichts Ungewöhnliches und Unnatürliches mehr. Meine innere Stimme zwang mich, in der gleichen Sekunde irgendetwas zu tun, was wenigstens um ein Stäubchen die schreckliche Last auf den Schultern dieser Menschen erleichtern würde. Ihnen eine Erfrischung anzubieten, war alles, was mir einfallen konnte, und ich freute mich aufrichtig, als sie meine Einladung annahmen.
Bald saßen wir in der angenehmen Kühle alter mediterraner Bäume, und ich brachte aus dem nahe gelegenen Café Erfrischungen. Seit diesem Tage, vor einigen Jahren, höre ich nicht auf, mich zu fragen, was man mit den Erfahrungen und Traumata aus dem Krieg tun könnte, um Einfluss zu nehmen auf das Leben anderer Menschen, sie zu berühren, zum Nachdenken anzuregen und in ihrem eintönigen, automatisierten Leben aufzurütteln. Seit diesem Tage höre ich nicht auf, mir selbst zwei Fragen zu stellen: Bin ich ein Parasit des fremden Traumas? Und ist es angebracht, das Grauen, ein solches wie das Überleben des Genozids, zu ästhetisieren, damit es für den »gewöhnlichen Menschen« verdaulich werden und es sein kleines, *glückliches*, angenehmes Leben beeinflussen würde?
Einige Wochen nach meiner Begegnung mit den ehemaligen Lagerhäftlingen betrachtete ich meine Notizen von diesem Tag, und ich dachte, dass ich einen Modus gefunden habe, wie sich die Intensität der in Dubrovnik ausgetauschten Emotionen und Reflexionen artikulieren lässt. Während des Vortrags wurde ich gewahr, dass in den Aussagen der Menschen, die tiefe Traumata

ristila« i rečenice iz pismenih svjedočenja preživjelih, koja sam tih mjeseci čitala. Kao rezultat, nastao je ciklus »Ljudi govore«, početak moga pokušaja da se priključim poetskom artikulisanju genocida. Započela sam ga izjavom Jean-Renéa Rueza, glavnog istražitelja za Srebrenicu, o preživjelima.

überlebt haben, oft Sätze vorkommen, von denen mir der Verstand still steht: In monotonem Tonfall, anscheinend ganz einfach deklarierten Sätzen, werden die Absurdität und der Wahnsinn der Situationen ausgedrückt, in denen sich die Opfer befanden. Die Überlebenden sprechen manchmal die verwunderlichsten und fürchterlichsten Dinge einförmig aus, als redeten sie über das Wetter oder als wechselten sie nichtige Höflichkeitsfloskeln. Ich habe mir selbst die Freiheit genommen, manche dieser Sätze aus dem Rest einer Aussage zu lösen und ihnen einen Titel zu verleihen, um ein Gedicht zu bilden. Ich wollte lediglich: das Licht einer kleinen Lampe, die mir gegeben wurde, um sie auf diese erschreckenden Miniaturen zu richten, und so diesen Aussagen ihren semantischen Inhalt zurückzugeben, ihnen neben einem kontrastierenden, anscheinend distanzierten Titel auch so manche neue Bedeutungen einzuschreiben. Auf ähnliche Weise »nutzte ich« auch Sätze aus schriftlichen Zeugenaussagen der Überlebenden, welche ich in diesen Monaten las. Als Resultat entstand der Zyklus »Das Volk spricht«, ein Anfang meines Versuchs, mich der poetischen Artikulation des Genozids anzuschließen. Ich habe ihn eingeleitet mit einer Erklärung von Jean-René Ruez, dem Hauptuntersuchungsrichter für Srebrenica, über die Überlebenden.

NEPOSLANE RAZGLEDNICE

UNGESENDETE ANSICHTSKARTEN

Pakao Resort

Lijepo nam stoji luksuz.
U hotelskom bazenu
plivamo kao u plodnoj vodi.
Mermer i baldahini
liječe nam zagnojenu dušu.

Tek nakon bezbroj pića
pred jutro
kad barmen s mukom navlači smiješak
naslonjen na šank od orahovine pričaš

pancir – plašt tromblon živa sila naši momci
neutralisati straže kopanje
bajonet
sasvim blizu
u oči

Slamčicom vrtim
kandiranu višnju po koktelu.
Slušam
kako si ubijao ljude.

* * *

Na kraju puteljka od crvene cigle
iznenadi nas romantična sjenica.
Bijela.
Kao iz starog filma.
Tu si mi, malo kasnije,
udario tri snažna, vruća šamara

Hölle Resort

Der Luxus steht uns gut.
Im Hotelschwimmbad
schwimmen wir wie im Fruchtwasser.
Marmor und Baldachine
heilen unsere vereiterte Seele.

Erst nach zahllosen Getränken,
eh der Morgen graut,
als der Barkeeper mit Mühe sein Lächeln breit zieht,
erzählst du, an die Nussbaumtheke gelehnt

Harnisch, Tromblon, unsre Heeresstärke,
unschädlich machen, Wachposten, Schützengraben,
Bajonett,
ganz nah
ins Auge

Mit dem Strohhalm rühr ich
eine kandierte Kirsche im Cocktail.
Ich höre zu,
wie du Menschen umgebracht hast.

* * *

Am Ende eines roten Backsteinpfades
überrascht uns eine romantische Liebeslaube.
Eine weiße.
Wie aus einem alten Film.
Da gabst du mir, ein wenig später,
drei heftige, glühende Ohrfeigen,

da me urazumiš
da te bolje čujem
jer su ti se potrošile riječi.

* * *

Mi imamo više zvjezdica
više kolača
više male crnpuraste služničadi
nego vi.

Mi smo bolji ljudi.
Sad smo konačno malo
i mi ljudi.

damit du mich zur Vernunft bringst,
damit ich dich besser höre,
denn dir sind die Worte ausgegangen.

* * *

Wir haben mehr Sternchen,
mehr Kuchen,
mehr kleine dunkelhäutige Dienerschönheiten
als ihr.

Wir sind die besseren Menschen.
Jetzt sind auch wir schließlich ein bisschen
Menschen.

U prevozu

U Bostonu mi drug beskućnik
svako jutro
žica cigaru.

Na Borneu me krokodil mrko gleda
dok baba pristigla u zadnji tren
na čamac tovari plast zavežljaja.

Na Pelješcu se propupale djevojke
kikoću u zoru
čekajući brodicu.

U Frankfurtu mobiteli kukuriču
dok jutarnji voz
ulazi u stanicu.

Posvuda i rijeke istih, nerasanjenih ljudi.

Tako u Raju, ko i u Paklu, znam,
blaženo odsutni
nježni krmeljavi
na tvrdim klupama
gradski prevoz čekaju
radnici prve smjene.

Im Verkehr

In Boston schnorrt
mein obdachloser Kamerad
jeden Morgen
eine Zigarette von mir.

Auf Borneo schaut mich ein Krokodil finster an,
da ein altes Mütterchen,
das im letzten Moment eintraf,
unser Boot mit einer Fülle von Bündeln belädt.

Auf Pelješac kichern
erblühende Mädchen,
bei Sonnenaufgang
wartend auf die kleine Fähre.

In Frankfurt krähen
die Handys,
als der Morgenzug
in den Bahnhof einfährt.

Allüberall auch Ströme gleicher, verschlafener Leute.

So warten, ich weiß es, im Himmel,
genau wie in der Hölle,
selig abwesend,
sanft triefäugig,
auf harten Bänken
die Arbeiter der ersten Schicht
auf den Stadtverkehr.

Istanbulski bogalj

Naučio je da zviždi umilni ptičiji pjev,
tako skreće na sebe pažnju,
iznuđuje milostinju.

Pogled na njegovo tijelo je kazna,
bucmasti turisti plaćaju
da pobjegnu što prije.

Otad im pjev ptica više ne priziva
sliku pernatog mrvička
nego samo i uvijek: kotače slijepca bez udova.

Istanbuler Krüppel

Er lernte zu pfeifen wie liebliches Vogelgezwitscher,
so macht er auf sich aufmerksam,
und erpresst von Passanten Almosen.

Der Anblick seines Körpers ist eine Strafe,
pausbäckige Touristen zahlen schnell
und suchen das Weite.

Seitdem bewirkt Vogelgesang bei ihnen nicht mehr
das Bild eines gefiederten Krümelchens,
sondern immer nur:
die Räder eines Blinden ohne Glieder.

U avionu

Mama … Mama …
Vidi, mama, oblaci odozgo!!!
Kakvi su, meki … Ohooo …
Bijeli.
Ravni …
Nekako naopačke.
Mama, hej, mama …
Mama … vidiš li?
Kako je svugdje isto, glatko.
Joj da mi je da otvorim prozor!
Vidi, ko neki šlag.
A gdje je
Bog, mama?
Hej … Gdje je Bog?

Im Flugzeug

Mama … Mama …
Schau, Mama, die Wolken von oben!!!
Wie sind sie, weich … Ohooo …
Weiß.
Flach …
Irgendwie umgekehrt.
Mama, hej, Mama …
Mama … siehst du es?
Wie es überall gleich ist, glatt.
Ach könnte ich doch das Fenster öffnen!
Schau, wie Schlagsahne.
Aber wo ist
Gott, Mama?
Hej … Wo ist Gott?

Priroda

U tropima pljuhne bogata kiša,
pomislim: reklama za šampon.

U šumi se oglasi djetlić,
pitam: kome zvoni mobitel?

U Bosforu meduza,
meni: kesa od najlona.

Skinem se gola,
poželim: srediti stvari u *Photoshopu*.

Natur

In den Tropen platzt ein üppiger Regen nieder,
ich denke: Werbung für Shampoo.

Im Wald trommelt ein Specht,
ich frage: Wessen Handy klingelt?

Im Bosporus eine Meduse,
mir scheint: eine Plastiktüte.

Ich ziehe mich nackt aus,
wünsche mir: die Dinge zu ordnen im *Photoshop*.

Nedjeljno popodne u malom gradu

Ovdje ljudi lebde, nestaju,
oslobađaju se teških okova!!!
Majmun vozi tricikl!
Živu ženu pred nama
probijaju dugačkim mačevima!

Ona nas iz čarobne kutije gleda
umorna, pomalo podbuhla.
Mirno prihvata kad je proburaze.
Ponekad zijevne, uljuljkana vrućinom i dosadom.

Sonntagnachmittag in einer Kleinstadt

Hier schweben Leute, verschwinden,
befreien sich von schweren Fesseln!!!
Ein Affe fährt Dreirad!
Eine lebendige Frau vor uns
durchsticht man mit langen Schwertern!

Sie schaut uns aus einer Zauberkiste an,
müde, ein wenig aufgedunsen.
Gelassen nimmt sie hin, dass man ihr
ein Messer durch den Leib jagt.
Manchmal gähnt sie,
eingelullt von Hitze und Langeweile.

Animal Planet

Gepard se sprema
da razdere antilopino mladunče
vlažno, drhtavo na tankim nogama.

Uh! Spasih ga u zadnji tren.
Brzim mijenjanjem tv programa.

Animal Planet

Der Gepard macht sich bereit,
ein Antilopenjunges zu reißen,
noch feucht, zittrig auf dünnen Beinen.

Uh! Ich hab es im letzten Moment gerettet.
Durch promptes Umschalten am Fernseher.

Smrt u podzemnoj

Umorna je i natekle su joj noge.
Više joj nije zabavno.
Sjela je, i oštru kosu naklatila preko ramena,
oprezno, da ne povrijedi nikog.

Pored nje projuri vila,
plava i prozračna. Ne bih je
vidjela da me ne okrznu
svjetlucavim krilcem.

Danas je bio ludi provod,
karnevalski.
Smrt kaže, treba se naspavati.
Sutra je čeka radni dan.

Der Tod in der U-Bahn

Müde ist er, und seine Beine sind geschwollen.
Es ist nicht mehr vergnüglich für ihn.
Er saß da, und die scharfe Sense hat er
über die Schulter geworfen,
vorsichtig, damit er niemanden verletzt.

Eine Fee eilt an mir vorüber,
blond und durchscheinend.
Ich würde sie nicht sehen,
würde sie mich nicht streifen
mit ihrem schimmernden Flügelchen.

Das war ein toller Spaß heut,
ein Karnevalstag.
Der Tod sagt,
er muss sich ausschlafen.
Morgen erwartet ihn ein Arbeitstag.

Zajednički dan

Dan zbog kojeg si sretna što ipak
nisi poklekla onda, krajem jeseni,
kad je cesta prvi put pomrzla
i kad je sve još uvijek moglo
izgledati kao nesretan slučaj.

Dan kakav zamišljaš
bacajući novčić u fontane
i trljajući bronzane
udove kipova
u dalekim gradovima.

Danas je bio baš takav dan.
Sad žuriš da utoneš u san,
i nepokvarenog ga sačuvaš za vječnost.

Gemeinsamer Tag

Ein Tag, der dich glücklich darüber stimmt,
dass du dann doch nicht nachgabst,
am Ende des Herbstes,
damals, als die Straße zum ersten Mal vereiste,
und alles noch immer
wie ein Unfall aussehen konnte.

Ein Tag wie du ihn dir vorstellst,
da du Kleingeld in eine Fontäne wirfst
und die bronzenen Glieder
der Statuen reibst
in fernen Städten.

Heute war genau so ein Tag.
Jetzt beeilst du dich, in den Schlaf zu sinken,
und ihn unverdorben zu behüten für die Ewigkeit.

SLAGALICA

DAS PUZZLE

Želje

Ugrizi jako!
Nijedan neće.

Malo me davi (al malo)!
Njih je strah.

Vuci mi kosu!
Pomisle, luda sam.

Kad mi srce treba iščupati,
skuhati na lešo
i pojesti u slast,
nijedan se ne ustručava.
Eno ih već, vežu i ubrus oko vrata.

Wünsche

Beiß kräftig zu!
Kein einziger wird es tun.

Würge mich ein wenig (aber ein wenig)!
Sie haben Angst.

Zieh mich an den Haaren!
Sie denken, ich sei verrückt.

Wenn es nötig ist, mir das Herz herauszureißen,
es zu kochen
und mit Appetit zu verspeisen,
zögert kein einziger.
Dort sind sie schon,
und binden sich eine Serviette um den Hals.

Nisam ti ja kakva Penelopa

Nisam ti ja kakva Penelopa,
odmah da znaš.

Bolje, ne ostavljaj me:
ugledam li ti leđa –
zaboravim lice.

Slabo umijem na kakvoj hridi
gordo stajati
tražeći pogledom tačku u daljini.

Zamakne li za brdo
tvoj dragi lik, meni,
ko malehnu djetetu,
nestane
zauvijek.

U slovima koja šalješ
ne poznajem tvoj topli miris.

Bolje, ne ostavljaj me:
ugledam li ti leđa –
zaboravim lice.

Bolje, ne ostavljaj me.
Ili me
ostavi zauvijek, i jednom.

Ich bin keine gute Penelope

Ich bin keine gute Penelope,
damit du das gleich weißt.

Besser, du verlässt mich nicht:
Erblicke ich deinen Rücken –
vergesse ich dein Gesicht.

Ich vermag nur schlecht auf einer Klippe
stolz zu stehen,
suchend mit dem Blick nach einem fernen Punkt.

Falls deine liebe Gestalt
hinter dem Berg verschwände, so scheint es mir,
wie einem kleinen Kind,
ich verlöre sie
für immer.

In den Lettern, die du mir schickst,
erkenne ich nicht deinen warmen Duft.

Besser, du verlässt mich nicht:
Erblicke ich deinen Rücken –
vergesse ich dein Gesicht.

Besser, du verlässt mich nicht.
Oder verlass mich
dieses eine Mal, für immer.

Kupovina

Ja bih ovu narukvicu nosila.
Suknja je lijepa. Ne znam, je li ona šira u bokovima od mene?
Malo je marama, dodaj i broš, ne cicijaši.
Možda neki lijep akvarel?
Ili veš? Koju boju ona voli?

Koliko će još jutara
bunovna ovako provoditi?
Umjesto žuđenog sna – ona u kupovini.
Lijepe darove ženama svojih ljubavnika
valja birati.
Nježno i brižno, sa mnogo ljubavi i truda.

Al šta da se radi?
Bilo bi surovo
muževe
same i zbunjene
puštati
da naprave grešku.

Einkaufen

Ich würde gern dieses Armband tragen.
Der Rock ist schön. Ich weiß nicht, ist sie breiter
in den Hüften als ich?
Ein Tuch ist zuwenig, gib eine Brosche dazu,
sei nicht geizig.
Vielleicht ein schönes Aquarell?
Oder Unterwäsche? Welche Farbe mag sie?

Wie viele Morgen wird sie noch
so schläfrig verbringen?
Statt im ersehnten Schlaf – ist sie beim Einkaufen.
Schöne Geschenke für die Frauen ihrer Liebhaber
muss sie auswählen.
Zärtlich und sorgsam, mit viel Liebe und Mühe.

Aber was soll man machen?
Es wäre doch brutal,
die Ehemänner
allein und verwirrt
einen Fehler
begehen zu lassen.

Slagalica

Svako ispupčenje
smjestili smo
u svako udubljenje.
Po bezbroj puta.

A onda bogovski
legli da počinemo.

Das Puzzle

Jede Wölbung
fügten wir
in jede Vertiefung ein.
Unzählige Male.

Und dann legten wir uns
göttlich zur Ruh.

Unutrašnji egzil

Šest dana je proletjelo.
Ni jeli nismo.
Osim jedno drugo.
Iz kuće nismo izlazili.
Bradu nismo brijali.
Kosu nismo prali.
Odjeću nismo mijenjali.
Nije se imalo kad.
Šest dana smo ljuto
od zla bježali
jedno u drugo.
Šest dana se od svih jada
u sebe sklanjali.
Na prozoru su
tri anđela
na silku lebdjela.
Čuvala stražu da nam
stvarnost
krutom čizmom
u san
ne nasrne.

Inneres Exil

Sechs Tage sind verflogen.
Wir aßen nicht.
Außer einander.
Wir gingen nicht aus dem Haus.
Rasierten nicht den Bart.
Wuschen uns nicht die Haare.
Wechselten unsere Kleider nicht.
Dafür war keine Zeit.
Sechs Tage flohen wir hitzig
vor dem Bösen,
einer in den anderen.
Sechs Tage fanden wir in uns selbst
Zuflucht vor allen Leiden.
Im Fenster schwebten
drei Engel
am Nylonfaden.
Sie hielten Wache, damit uns nicht
die Realität
mit ihrem harten Stiefel
im Schlaf
überfällt.

Zato je bolje, od te ljubavi …

To ti je kao da želiš planirati let
čepu iz boce šampanjca
(a već si je dobro protresao)

To ti je kao da zasijecaš
po napetoj koži i hoćeš pravilne šare od krvi
(a groziš se i samog pogleda)

Zato je bolje, od te ljubavi za me –
odmah odustani

Deshalb ist es besser, von der Liebe …

Das ist so, als ob du den Blindflug
planen möchtest
für den Sektkorken,
(und du hast die Flasche schon gut geschüttelt).

Das ist so, als ob du schneidest
in die gespannte Haut und
du regelmäßige Blutmuster haben willst,
(aber es graust dich allein vor dem Anblick).

Deshalb ist es besser, dass du von der Liebe zu mir –
sofort ablässt.

San

Sanjala sam da se dugo ljubimo,
a onda ti odjuriš za autobusom …
Što je razumljivo.
Autobus bar ima vozni red, a ja …

Traum

Ich träumte, dass wir uns lange küssen,
und dann rennst du dem Bus hinterher …
Was verständlich ist.
Der Bus hat zumindest einen Fahrplan, aber ich …

Ispisivanje iz ljubavi

V. mi je rekla:
Kad nemaš djece i imovine,
to ti jako brzo ide.
Mi smo imali samo jedan ormar.
Ne znam je li i mjesec trajalo.

Exmatrikulation aus der Liebe

Meine Freundin V. sagte mir:
Wenn du keine Kinder und kein Vermögen hast,
geht das sehr schnell über die Bühne.
Wir hatten nur einen Schrank.
Ich weiß nicht, ob es überhaupt einen Monat dauerte.

Na Stradunu

U ovom gradu danas je sve naopačke.
Stare kuće prave stoj na rukama.
Ulice se ispreplele kao
kišne gliste u tegli spremnog ribara.

Ništa ovdje nije na svom mjestu.
Ništa ne umijem da nađem.
Ni onih kolača, ni ogrlica, ni one crkvice
gdje ubacimo paru pa nam se vrati stostruko.

Duž cijelog Straduna u svaki izlog zurim
i nigdje
ni u jednom
da ugledam
onaj naš zagrljeni odraz
kako prolazi.

Auf der Stradun

In dieser Stadt ist heute alles auf den Kopf gestellt.
Die alten Häuser machen einen Handstand.
Die Straßen haben sich verflochten wie
Regenwürmer in der Dose des bereiten Anglers.

Nichts hier ist an seinem Platz.
Nichts kann ich finden.
Weder jene Kuchen, noch die Halsketten,
noch jenes Kirchlein,
wo wir Münzen hineinwerfen, und dann
bekommen wir sie hundertfach zurück.

Entlang der ganzen Stradun
erstarre ich
in jedem Schaufenster,
und nirgends,
in keinem einzigen,
erblicke ich
jenes Spiegelbild, von uns umarmt,
wie es vorübergeht.

Tura kombijem

Koliko vam košta tura kombijem?
Ne, nema tu mnogo stvari.
Može sve odjednom:
dva-tri sanduka knjiga
dvije veće slike,
neke stazice, koji suvenir …
Jeste, i neko da to sve iznese …
Radnim danom, molim vas.
Da, dosta je hitno, u stvari.
Ne, nema toga mnogo, vjerujte.
Može i običnim autom.
Skoro da bi i bolji bicikl mogao.
Ili … Ili na leđa …
Skoro da bih i bez toga mogla.
Samo ruke u džepove
(onako, zviždućući).
A breme …
Ono bi moglo
za mnom i ostati …

Eine Fahrt mit dem Kombi

Was kostet bei Ihnen eine Fahrt mit dem Kombi?
Nein, da sind nicht viele Sachen.
Es geht alles mit einem Mal:
zwei-drei Bücherkartons,
zwei größere Bilder,
einige Läufer, ein paar Erinnerungsstücke …
Ja, auch jemand, der das alles hinausträgt …
An einem Wochentag, bitte ich Sie.
Ja, es ist ziemlich dringend, eigentlich.
Nein, da ist nicht viel, glauben Sie mir.
Es geht auch mit einem gewöhnlichen Auto.
Fast könnte man es auch
mit einem besseren Fahrrad machen.
Oder … Oder auf dem Rücken …
Beinahe könnte ich es auch ohne all das.
Nur mit den Händen in den Taschen
(einfach so, pfeifend).
Und der Ballast …
Der könnte auch
hinter mir stehen bleiben …

Seoba – dioba

Nekad su to bili naš krevet
i naš prekrivač.
Krevet je ostao tebi
u njemu sad
pred spavanje čita neko drugi.

Prekrivač je pošao sa mnom
pamučni, praktičan, lako se pere.
Evo ga u jednoj novoj sobi,
imitira naš stari dom.

A ljubav?

Ljubav nam je ispala u transportu.

Rasprsla se u hiljade opasnih komada.

Nismo je zato ni vadili iz kutije.
Nego smo je onako
neraspakovanu
brzo bacili na sigurno.

Gewitter – Splitter

Einst war das unser Bett
und unsere Tagesdecke.
Das Bett blieb bei dir,
darin liest jetzt
jemand anderer vor dem Einschlafen.

Die Tagesdecke ging mit mir,
baumwollen, praktisch, leicht zu waschen.
Da ist sie nun, in einem neuen Zimmer,
sie imitiert unser altes Heim.

Und die Liebe?

Die Liebe ist uns beim Transport herausgefallen.

Sie zersprang in tausend scharfe Splitter.

Daher holten wir sie auch nicht aus der Kiste.
Sondern warfen sie ganz schnell
und unverpackt
an einen sicheren Ort.

Krotkost

Voliš me bezumno baš jer sam *luda*.
Izvodim vratolomije u krevetu.
Kuham gola.
Cjediljku za narandže stavim na usta
pa pričam kao Darth Vader
a ti se smiješ.

Kad komadiće ludila prošvercujem van
u kosi, grudnjaku ili pod jezikom –
tebi je mučno.

Izvan četiri zida
i glasan smijeh je
sasvim sasvim neprilićan.

Zahmheit

Du liebst mich wahnsinnig, gerade weil ich
verrückt bin.
Ich führe halsbrecherische Verrenkungen im Bett aus.
Ich koche nackt.
Ich halte die Zitronenpresse vor meinen Mund,
dann spreche ich wie Darth Vader,
und du lachst.

Falls ich kleine Partikel Verrücktheit
nach draußen schmuggle,
im Haar, im BH oder unter der Zunge –
ist es dir peinlich.

Außerhalb der vier Wände
ist selbst ein lautes Lachen
vollkommen, vollkommen unangebracht.

Vječnost

Danas sam *veru*
vječnu poput kovanog
obruča za bačvu
prodala u staro zlato.

Kupila sam
vilinog konjica.
Radost da mi bude.
Cijeli dan.

Ewigkeit

Heute habe ich meinen Ehering,
ewig wie der geschmiedete
Reifen um ein Weinfass,
als Altgold veräußert.

Ich kaufte
eine Libelle.
Damit sie mir Freude mache.
Den ganzen Tag.

Neprilična ljubav

Svoju ljubav ugušio si kao
maloljetna čedomorka koja
čuva obraz dok steže ruke
oko malog vrata.

Krišom je zakopao iza kuće,
pravio se da nikad nije bila tu.

Odavalo te samo mlijeko
što danima je kapalo
iz tvojih spremnih bradavica.

Unangebrachte Liebe

Du hast deine Liebe erdrosselt wie
die minderjährige Kindsmörderin,
die *ihre Ehre rettet,* als sie ihre Hände
um den kleinen Hals presst.

Heimlich begrubst du sie hinterm Haus,
du tatest so, als sei sie nie da gewesen.

Verraten hat dich nur die Milch,
die tagelang
aus deinen bereiten Nippeln tropfte.

Nakon tebe

Prazna kao police supermarketa
nakon prazničnog stampeda.
Tek pokoja raščerupana bombonijera.

Ja sam izletište drugog maja.
Svuda ostaci smeća
i hrpice izgorjelog uglja.

Suho korito rijeke
preusmjerene
u vještačko jezero.

Nakon tebe
ja sam blijedi odraz lica
u ugašenom monitoru.

Nekad pred jutro.
Kad je najteže odoljeti
da ti napišem pjesmu.

Nach dir

Leer wie Supermarktregale
nach der Feiertagsplünderung.
Nur ein paar zerrupfte Pralinenkästen.

Ich bin die Festwiese am zweiten Mai.
Überall Müllreste
und Häufchen verbrannter Grillkohle.

Das trockene Bett des Flusses,
der umgelenkt wurde
in einen Stausee.

Nach dir
bin ich die blasse Gesichtsreflexion
im ausgeschalteten Monitor.

Irgendwann vor Tagesanbruch.
Wenn es am schwersten ist, zu widerstehen,
dir ein Gedicht zu schreiben.

Briga

Go i sitan
preda mnom
kao bolesno dijete
kojem valja skinuti *vatru*.

Sorge

Du Nackter und Winziger
da vor mir,
wie ein krankes Kind,
dem man die *Fieberglut* senken muss.

Prisnost

po cijelu noć bih
ležala
obučena u tebe
kao u kakvu podatnu skupocjenu bundu

ali, čujem već,
ljubitelji životinja bune se na moj stih

Innigkeit

die ganze Nacht würde ich
daliegen,
eingehüllt in dich
wie in einen kuscheligen kostbaren Pelz

aber ich höre schon,
die Tierschützer empören sich über meine Verse

Besmrtnost
(oda)

Tvome tijelu treba
ispjevati pjesmu,
učiniti ga besmrtnim:

molim te, podsjeti me na to,
za kojih trideset godina
kad nam za takvu ljubav
pretekne vremena.

Unsterblichkeit
(Ode)

Deinen Körper sollte man
in Versen besingen,
ihn unsterblich machen:

Ich bitte dich, erinnere mich daran,
in etwa dreißig Jahren,
wenn wir für eine solche Liebe
Zeit übrig haben.

Jo-jo

Svome dragom ja sam jo-jo
dobio me u šarenoj kutiji žitarica na poklon.

U jednom trenu sam sigurna,
čvrsto stegnuta u njegovoj znojavoj šaci.

U sljedećem letim
salto mortale ka podu –
al konopac oko vrata stegne se
pa me spasi.

Das Jo-Jo

Für meinen Liebsten bin ich ein Jo-Jo,
er hat mich in einer bunten Müslischachtel
gratis bekommen.

In einem Moment fühle ich mich sicher,
stark gepresst in seiner schwitzigen Faust.

Schon im nächsten fliege ich
Salto mortale zu Boden –
aber der Strick um meinen Hals zieht sich zu,
und ich bin gerettet.

Ljubomora

Ljubomora je patološka, čak i kad je opravdana

Šutim uz jutarnju kafu.
Sumnjičavo gledam herpes
što ti je iskočio preko noći.

Susprežem se.
Da ti.
Ne odrubim glavu.

Eifersucht

Eifersucht ist pathologisch, sogar wenn sie
begründet ist.

Ich schweige beim Morgenkaffee.
Argwöhnisch betrachte ich den Herpes,
der über Nacht auf deiner Lippe spross.

Ich bezwinge mich.
Um dir.
Nicht den Kopf abzureißen.

Savršeni par

Spojili smo vibrator
i lutku na napuhavanje.
Stvoreni su jedno za drugo.
Hemija je očigledna!

Mi smo se mirne savjesti mogli
iskrasti iz kuće i
odšetati u sasvim obično veče
kad se jedu garavi kesteni
i šeta pospano, bez cilja.

Das perfekte Pärchen

Wir verkuppelten einen Vibrator
und eine Aufblaspuppe.
Sie sind für einander geschaffen.
Die Chemie stimmt offensichtlich!

Wir konnten uns ruhigen Gewissens
aus dem Haus stehlen und
in einen ganz gewöhnlichen Abend spazieren,
an dem man geröstete Kastanien isst
und schläfrig schlendert, ohne Ziel.

Ljubav za 21. stoljeće

Ne dodirujete se?
Čitate poeziju?
Rukom pišete pisma?
Ženo, ne budali,
već to
koliko sutra
hitno izliječi seksom:
desetak puta u vrlo kratkom roku
(splasnuće, garant)
i onda zaboravi brzo,
kao da nikad nije bilo.
Inače si u belaju.
Još ćeš se zaljubiti, jebote,
zaljubićeš se, ženo,
pa ti je još samo to trebalo!

Liebe fürs 21. Jahrhundert

Ihr berührt euch nicht?
Ihr lest Poesie?
Ihr schreibt Briefe mit der Hand?
Mädchen, sei nicht verrückt,
das solltest du
schon morgen
dringend mit Sex heilen:
ungefähr zehn Mal innerhalb kurzer Zeit,
(die Luft geht raus, garantiert),
und dann vergiss schnell,
als wäre es nie gewesen.
Sonst bist du am Arsch.
Du wirst dich noch verlieben, verdammt,
du verliebst dich, Mädchen,
und das hat dir gerade noch gefehlt!

Verbalno / neverbalno

Dvoje nas je za stolom.

Dvoje govori o *predstojećim izborima*
primordijalnoj teoriji nacije
i *alternativnim gorivima.*

Drugo dvoje se nježno ljubi
i dodiruje toplim obrazima.

Verbal / Nonverbal

Wir zwei sitzen am Tisch.

Zwei sprechen über *die bevorstehenden Wahlen,*
die primordiale Nationstheorie,
alternative Energiequellen.

Die anderen Zwei küssen einander zärtlich
und berühren sich mit ihren
heißen Wangen.

Prirodna smrt

Hoće li se potrošiti?
Šta misliš,
hoćemo li jedno jutro ustati
i po prvi put vidjeti podočnjake
i oparani rub kućne haljine?

Hoće li
(samo toga se plašim)
ljubav
umrijeti bez otrova metka bodeža –
tiho, neopaženo,
prirodnom smrću?

Natürlicher Tod

Wird sie sich abnutzen?
Was meinst du,
werden wir eines Morgens aufstehen
und zum ersten Mal Augenringe sehen
und den aufgetrennten Saum des Morgenrocks?

Wird
(nur davor fürchte ich mich)
die Liebe
sterben ohne Gift Kugel Dolch –
leise, unbemerkt,
eines natürlichen Todes?

BOLNIČKI NOTTURNO

KRANKENHAUS NOTTURNO

Pidžama *za ne daj Bože*

Peglam njenu pidžamu *za ne daj Bože*.
Rozila se godinama zlokobno
s vrha ormara.
Prala se jednom godišnje i izazivala nelagodu
kad se na nju slučajno nabasa.
Ja je danas peglam.

Danas je *ne daj Bože*.

A mi dišemo.

Pijemo čokoladni kapućino, taj nam je nadraži.
Sunčano je, razmišljamo šta kuhati za ručak.
Sjećamo se kako sam nekad na dodjeli paketića
izašla hrabro na scenu i recitovala pjesmicu
koju ne znam.

Smijemo se.

Danas je *ne daj Bože*.

Nas dvije uživamo u lijepom,
običnom trenutku dokolice.

Der Pyjama für den Tag *Gott behüte*

Ich bügle ihren Pyjama für den Tag *Gott behüte.*
Jahrelang schimmerte sein Rosa unheilvoll
aus dem obersten Schrankfach.
Man wusch ihn einmal jährlich
und empfand Unbehagen,
wenn man zufällig auf ihn stieß.
Ich bügle ihn heute.

Heute ist der Tag *Gott behüte.*

Und wir atmen.

Wir trinken Schokocappuccino,
das ist unsere Lieblingssorte.
Die Sonne scheint, wir überlegen,
was wir zu Mittag kochen.
Wir erinnern uns daran, wie ich damals
bei der Kindervorstellung
mutig auf die Bühne heraustrat
und ein Gedicht rezitierte,
das ich nicht kannte.

Wir lachen.

Heute ist der Tag *Gott behüte.*

Wir zwei erfreuen uns an diesem einen schönen,
gewöhnlichen Augenblick des Müßiggangs.

U borbi

Ostali smo sami
da bacamo svoje kamenčiće
u moćna pleća bolesti.

Svi su obazrivi.
Kažu vole nas.
I ne bi da smetaju.

Im Kampf

Wir sind allein zurückgeblieben,
um unsere Steinchen zu werfen
auf den mächtigen Torso der Krankheit.

Alle sind rücksichtsvoll.
Sie sagen, sie lieben uns.
Und wollen uns nicht stören.

Vijest

Znaš li ko još ima rak?
pita me tetka
zarumenjena
kao đače
što iz škole nosi peticu
i jedva čeka
da saopšti radosnu vijest.

Die Nachricht

Weißt du, wer noch Krebs hat?
fragt mich meine Tante,
rotwangig
wie ein Schulkind,
das eine Eins aus der Schule mitbringt
und es kaum erwarten kann,
die frohe Nachricht zu verkünden.

Nadmudrivanje

Danas ćemo se nahraniti,
počešljati se više puta.
Popićemo sirup protiv bolova
(onaj što mu ne izgovaramo ime
da nas ne bude strah).
Namazaćemo stopala
i obuti šarene čarape.

Spremićemo zimnicu
bogatu i slasnu.
Pravićemo planove za iduće ljeto.
Kupićemo i skupi kaput
(onaj lijepi
kakvi se nose po pet godina).

Sve. Sve, ne bismo li je kako
crnu i neumoljivu
skupa nadmudrile.

Die Überlistung

Heute werden wir uns füttern,
mehrmals kämmen.
Wir werden Sirup gegen die Schmerzen schlucken
(den, dessen Namen wir nicht aussprechen,
damit er uns keine Angst macht).
Wir werden unsere Füße einreiben
und bunte Strümpfe anziehen.

Wir werden Wintervorräte anlegen,
reichhaltige und leckere.
Wir werden Pläne
für den kommenden Sommer schmieden.
Auch einen teuren Mantel werden wir kaufen,
(so einen schönen,
den man fünf Jahre lang tragen kann).

Alles. Alles, nur damit wir irgendwie
den Finsteren und Unerbittlichen
gemeinsam überlisten.

Osmijeh

Košuljica iz koje je majka
otišla još nekad
krajem prošlog ljeta
leži, trepće, uzima lijekove.

Klima glavom sa paperjastom kosom.
Tiho ječi.
Ponekad mi se nasmije.

Das Lächeln

Die durchscheinende Schale, welche Mutter
schon im letzten Sommer
zu verlassen begann,
liegt da, blinzelt, schluckt Arzneien.

Sie wackelt mit dem Kopf von flaumigem Haar.
Sie stöhnt leise.
Manchmal lächelt sie mich an.

Bolnički notturno

Noć provodim kraj njenog uzglavlja
pred jutro me prene galama.
Niz hodnik
idu radnici u sivim mantilima
u rukama im nosila.
Noćnu smjenu krate šalama.
Idu po nekog ko nije pregurao noć.
Imaju sasvim bezazleno lice
rumene obraze i bucmaste prste.
Brzo se naslonim na vrata
i upirem jako, da ne uđu nama.
Osluškujem njihove korake.
Duboko vjerujem da spašavam život.

Krankenhaus Notturno

Die Nacht verbringe ich neben ihrem Kopfkissen,
vor Tagesanbruch schreckt mich Lärm auf.
Den Flur entlang
gehen Arbeiter in grauen Anzügen,
eine Tragebahre in den Händen.
Die Nachtschicht verkürzen sie sich mit Witzen.
Sie gehen zu jemandem,
der die Nacht nicht herumgekriegt hat.
Sie haben ganz harmlose Gesichter,
rote Wangen und knubblige Finger.
Ich lehne mich schnell an die Tür
und drücke stark dagegen,
damit sie nicht zu uns hereinkommen.
Ich lausche ihren Schritten.
Glaube fest daran, dass ich Leben rette.

U sjeni

Otac je zdrav
pa se na njega
evo već godinu punu
nikad i ne obaziremo.

Im Schatten

Vater ist gesund,
und deshalb schenken wir ihm
schon das ganze Jahr lang
keinerlei Beachtung.

Dan kad je pao prvi crijep

Na dan kad je umrla mama
sa krova je pao crijep.
Mislili smo – kakva nezgodna slučajnost.
I brzo na to zaboravili
jer nije pogodio nikog.

I otad nije prošao dan
da se oljuštrio nije
komad fasade, zida ili krova.
U teškim danima ispadale
su cigle. Zatim prozori. Pa grede.

Na jednu godišnjicu
morali smo dovesti bager,
za koji sat je sve sabrao na gomilu.
Nekim ljudima platili smo masno
da dojučerašnju kuću bace na smeće.

Danas je ostala samo lijepa zatravljena ravan.
Nekad se okupimo na njoj i na
bijelom stolnjaku pravimo piknik.
Služimo kafu i kolače kakve je mama,
dok je još kuća bila živa, u njoj mijesila.

Der Tag, als der erste Dachziegel fiel

Am Tag, als Mutter starb,
fiel vom Dach ein Ziegel.
Wir dachten – welch unangenehmer Zufall.
Und wir vergaßen das schnell,
denn niemand wurde davon erschlagen.

Und seitdem verging kein Tag,
an dem sich nicht ein Stück
der Fassade, der Mauer oder des Daches löste.
An schweren Tagen fielen
Ziegelsteine heraus. Danach Fenster.
Und dann Balken.

An einem Jahrestag
mussten wir einen Bagger rufen,
in ein paar Stunden schob er alles auf einen Haufen.
Manche Leute bezahlten wir üppig,
damit sie das Haus von gestern auf den Müll warfen.

Heute blieb nur
eine schöne begrünte Fläche zurück.
Manchmal versammeln wir uns dort, und auf
einem weißen Tuch breiten wir unser Picknick aus.
Wir servieren Kaffee und Küchlein,
wie sie unsere Mutter,
damals, als das Haus noch am Leben war,
darin geknetet hatte.

Nepravda

Nadživio ga je češalj.
Telegram koji je lani dobio za rođendan.
Iskaznica za javni prevoz.

Nadživio ju je njen
do pola istrošen karmin.
Broš iz Malezije
i svila nježna kao dah, nikada sašivena.

Nadživjeće nas
kutija prazna uspomena
na život
koji nismo stigli živjeti.

Ungerechtigkeit

Sein Kamm hat ihn überlebt.
Sein Telegramm, das er letztes Jahr
zum Geburtstag bekam.
Sein Fahrausweis.

Ihr zur Hälfte aufgebrauchter
Lippenstift hat sie überlebt.
Ihre Brosche aus Malaysia
und ihre hauchzarte Seide, aus der sie nie etwas nähte.

Uns wird überleben
ein leerer Karton Erinnerungen
an ein Leben,
das zu leben wir nicht zuwege brachten.

Cenzura

Sa svih budućih porodičnih slika
nestaješ kao izbrisana
rukom neumoljivog cenzora.
Pomilovanja nema.

Koliko god se mi široko osmjehivali
sjena tvoje odsutnosti
od sada do vječnosti
svakoj slici
davaće glavni ton.

Zensur

Von allen künftigen Familienfotos
verschwindest du wie ausradiert
durch die Hand des unerbittlichen Zensors.
Begnadigung gibt es nicht.

Wie breit auch immer unser Lächeln war,
der Schatten deiner Abwesenheit
wird von jetzt an bis in die Ewigkeit
jedem Foto
den Grundton angeben.

Oprost

Čini mi se
da ti polako
počinjem opraštati
tvoju smrt.

Vergebung

Mir scheint,
allmählich beginne ich,
dir deinen Tod
zu vergeben.

Bilješka o autorici

Adisa Bašić (1979.) je rođena, odrasla i živi u Sarajevu gdje je sa porodicom kao tinejdžerka preživjela opsadu '92.-'95. Završila je studij komparativne književnosti, magistrirala ljudska prava i demokraciju a priprema doktorat o poeziji. Radi kao asistentica na Filozofskom fakultetu u Sarajevu gdje predaje poeziju i kreativno pisanje. Književnu kritiku i novinske tekstove godinama objavljuje u vodećem bh. sedmičniku »Slobodna Bosna«.

Kao DAAD stipendistica je 2001./2002. studirala germanistiku i mediologiju u Marburgu na Lahnu.

U dva navrata, 2003. i 2011. godine, putovala je Amerikom sa međunarodnim grupama pisaca i imala seriju čitanja i radionica.

Objavila je tri knjige poezije: »Havine rečenice« (1999.), »Trauma market« (2004.) i »Promotivni spot za moju domovinu« (2010.). Za posljednju knjigu je pored nekoliko domaćih dobila i međunarodnu nagradu *Bank Austria Literaris*.

Autorica je nekoliko nagrađivanih kratkih priča, a piše i eseje.

Svoju poeziju je sa velikom radošću čitala na najrazličitijim mjestima, od njujorške Poets House, preko tuareškog šatora u Provansi, lajpciškog UT Connewitza, londonskog Southbank Centre-a, istanbulskog centra Nazim Hikmet, pa do bosanskih biblioteka i beogradskih barova ...

Anmerkunger zur Autorin

Adisa Bašić (geb. 1979) ist in Sarajevo geboren und aufgewachsen, und sie lebt auch heute dort, wo sie mit ihrer Familie als Teenager die Belagerung 1992–95 überstand. Sie studierte Komparative Literatur, Menschenrechte und Demokratie im Magisterstudiengang. Derzeit bereitet sie ihr Doktorat über Poesie vor. Sie ist als Assistentin an der Philosophischen Fakultät in Sarajevo tätig, wo sie Poesie und Kreatives Schreiben unterrichtet. Literaturkritiken und journalistische Texte veröffentlicht sie seit Jahren in der führenden bosnisch-herzegowinischen Wochenzeitung »Slobodna Bosna« (»Freies Bosnien«).

Als DAAD-Stipendiatin studierte sie 2001/2002 Germanistik und Medienwissenschaft in Marburg an der Lahn.

Zweimal, 2003 und 2011, bereiste sie mit internationalen Schriftstellergruppen Amerika und nahm an einer Reihe von Lesungen und Workshops teil.

Bisher veröffentlichte Adisa Bašić drei Gedichtbände: »Havins Sätze« (»Havine rečenice«, 1999), »Trauma market« (2004) und »Ein Werbespot für meine Heimat« (»Promotivni spot za moju domovinu«, 2010). Für letzteren erhielt sie neben etlichen Auszeichnungen ihrer Heimat auch den internationalen Literaturpreis *Bank Austria Literaris.*

Adisa Bašić ist die Verfasserin einiger preisgekrönter Kurzerzählungen, und sie schreibt auch Essays.

Ihre Lyrik las sie mit großer Freude an den unterschiedlichsten Orten, vom New Yorker Poets House über ein Zelt der Tuareg in der Provence, das Leipziger UT Connewitz, das Londoner Southbank-Centre, das Istanbuler Nazim-Hikmet-Zentrum bis hin zu bosnischen Bibliotheken und Belgrader Bars ...

Glossar

Alipašino – Stadtviertel in Sarajevo, im Sozialismus erbaute Hochhaus-Siedlung, die stets als hässliches Viertel angesehen – und scherzhaft »Schlafsaal« genannt wurde

jacija – fünftes Gebet (Abendgebet) der Muslime

Ladin, Ilija – mit richtigem Namen Ilija Kozić, bosnisch-herzegowinischer Dichter (1929–2001)

N. N. – Abkürzung für lateinisch: Nomen Nominandum (noch zu nennender Name); Bezeichnung für gefundene, nicht identifizierbare Körper von Leichen

Pelješac – dalmatinische Halbinsel

27. Nacht des Ramadans – spezielle heilige Nacht des heiligen Monats für Muslime: LEJLETUL KADR – die Nacht, in der die Verkündigung des Korans begann

Stradun – Hauptstraße in romantischer Altstadt von Dubrovnik (Dalmatien)

Tespih – religiöse Gebetskette der Muslime

Tevhid – Ritual von muslimischen Frauen, während eines Begräbnisses sowie am 7. und 40. Tag und ein Jahr nach dem Tode für die Seele des Verstorbenen zu beten; dieses Ritual findet meist im Hause der verstorbenen Person statt

Tromblon – englisch: Blunderbuss, »Donnerbüchse« oder Spinole; Handfeuerwaffe, die man benutzte, wenn der Feind ganz nah war

Fußnoten der Übersetzerin

Zum Gedicht DIE HELDIN – der fünfte Vers ist eine Anlehnung auf Verse von Mak Dizdar (1917–1971): »Davno ti sam legao. I dugo ti mi je. Ležati. Davno.« Dizdar ist ein Dichter, der sich inspiriert fühlte von den authentischen Inschriften auf mittelalterlichen Grabsteinen – den bosnischen stećci (Singular: stećak).

Zum Gedicht DIE ALTEN – im ersten Vers der zweiten Strophe kommt ein altes deutsches Längenmaß vor, die »Spanne«. Mit dem entsprechenden Wort »pedljom« im Originaltext ist exakt eine sogenannte »kleine Spanne« gemeint (Abstand zwischen Daumen- und Mittelfingerspitze).

Zum Gedicht N. N., IN DER KÜHLE DER BOSNISCHEN ERDE – der kursiv gedruckte Zweizeiler unter dem Titel ist das Motto für dieses Gedicht und stammt aus Karl Dedecius' deutscher Übersetzung des Gedichts »Das Hungerlager bei Jasło« der polnischen Nobelpreisträgerin Wisława Szymborska.

Zum Gedicht FORTGEHEN – die zwei kursiv gedruckten Sätze unter dem Titel sind das Motto für dieses Gedicht und stellen eine jeweils bosnische und deutsche Übersetzung der Verse von Leonard Cohen (geb. 1934 in Montreal) dar, aus seinem Lied ANTHEM: »There is a crack in everything. That's how the light gets in.«

Zum Gedicht »Unwissenheit« aus dem Zyklus *DAS VOLK SPRICHT*– die Katholiken bekreuzigen sich mit der ganzen Hand, und die orthodoxen Gläubigen mit drei Fingern.

Zum Gedicht DER TOD IN DER U-BAHN – der Tod ist in der bosnischen Sprache (smrt) weiblich. Nach einer deutschen Zwischenversion DIE TODIN … – ohne etwas Künstliches erschaffen zu wollen, sondern als ein Versuch – bin ich dann in Absprache mit der Autorin doch dazu zurückgekehrt, dass DER TOD … besser passt.

www.wieser-verlag.com